法的視点と産業医の視点から

この一冊で
ストレスチェックの基本と応用が分かる

産業医 鈴木安名　弁護士 増田陳彦

労働開発研究会

CONTENTS

第1部（第1章～第7章）基本編　執筆：増田陳彦

第1章　総論　　8

- ▶1　平成26年改正労働安全衛生法によるストレスチェック制度の創設の背景と制度目的　　8
- ▶2　ストレスチェック制度の要点　　10
- ▶3　ストレスチェック制度の全体像　　11
- ▶4　ストレスチェック制度の実施にあたっての留意点　　12
- ▶5　ストレスチェック制度における法的義務　　13
- ▶6　ストレスチェック制度の実施主体としての「事業者」　　16
- ▶7　法律，省令，通達，指針，マニュアルの関係とその位置づけ　　18
- ▶8　ストレスチェックの受検義務の有無　　19
- ▶9　一般健康診断とストレスチェック制度の関係　　20
- ▶10　ストレスチェック制度による使用者の安全配慮義務への影響　　21
- ▶11　ストレスチェック制度における高ストレス状態と業務上災害の関係　　22

第2章　ステップ①（実施前の準備）　　23

- ▶1　事業者による基本方針の表明　　23
- ▶2　衛生委員会等における調査審議と規程整備　　24
- ▶3　ストレスチェック制度規程の具体例案　　27
- ▶4　指針に基づくストレスチェック制度規程と就業規則の関係　　27
- ▶5　実施体制の整備　　30
- ▶6　産業医はストレスチェックの実施者でなければならないのか　　31

第3章　ステップ②（ストレスチェックの実施）　　33

- ▶1　ストレスチェックの具体的検査内容　　33
- ▶2　ストレスチェックの実施対象となる労働者　　37
- ▶3　実施しなかった場合のペナルティ　　38
- ▶4　派遣社員や出向者に対するストレスチェック　　38
- ▶5　実施者とその役割　　40
- ▶6　労働者が他の医師によるストレスチェックを希望した場合　　41
- ▶7　実施の事務に従事できる者と従事できない者　　42
- ▶8　実施事務従事者の留意事項　　44

i

- ▶9　ストレスチェック結果の通知　46
- ▶10　ストレスチェック結果の事業者への提供に関する同意取得　48
- ▶11　実施者による面接申出の勧奨の是非　50
- ▶12　ストレスチェック結果の記録・保存　51
- ▶13　産業医が実施者になる場合の実務　53

第4章　ステップ③（面接指導の実施）　55

- ▶1　面接指導対象者の要件　55
- ▶2　医師等の実施者による面接指導の要否判断　56
- ▶3　面接指導の実施時期　57
- ▶4　面接指導における確認事項　58
- ▶5　面接指導の結果の記録　59
- ▶6　面接指導後の事業者による医師の意見聴取と医師の意見　61
- ▶7　就業上の措置の実施　64

第5章　ステップ④（集団ごとの集計・分析　努力義務）　68

- ▶1　集団ごとの集計・分析　68
- ▶2　集団ごとのストレス状態の把握と使用者の安全配慮義務への影響　70

第6章　ステップ⑤（全体の評価）　72

- ▶1　全体評価と産業医の関わり　72
- ▶2　全体スケジュール案　73

第7章　労働基準監督署への報告，不利益取り扱い禁止，プライバシー保護　74

- ▶1　労働基準監督署への報告義務　74
- ▶2　不利益取扱いの禁止　76
- ▶3　不利益取扱いの効果　78
- ▶4　プライバシー保護　78

| 第2部（第8章～第14章）応用編　　執筆：鈴木安名 |

▶ 前書き　　　　　　　　　　　　　　　　　　　　　　　　　　80

第8章　ストレスチェック制度の目的　　　　　　　　82

▶ 1．本制度の目的を考える　　　　　　　　　　　　　　　　82
▶ 2．ストレス問題の本質　　　　　　　　　　　　　　　　　83
▶ 2.1　メンタルヘルス不調による休業・欠勤（M1）　　　　86
▶ 2.2　ミスの増加と能率低下（M2）　　　　　　　　　　　87
▶ 2.3　モラールやモチベーションの低下（M3）　　　　　　88

第9章　基本方針と実施規定策定　　　　　　　　　　89

▶ 1．基本型　　　　　　　　　　　　　　　　　　　　　　　89
▶ 2．カスタマイズ型　　　　　　　　　　　　　　　　　　　89
▶ 3．規定の作成　　　　　　　　　　　　　　　　　　　　　91

第10章　実施者の選定と外部機関への委託　　　　　92

▶ 1．嘱託産業医の事業場における産業医の課題　　　　　　　92
▶ 2．嘱託産業医の傾向と対策　　　　　　　　　　　　　　　94
▶ 3．嘱託産業医の事業場における3要素　　　　　　　　　　95
▶ 4．嘱託産業医の負担感を減らす「共同実施者」　　　　　　98
▶ 5.1　産業医の活動度チェック　　　　　　　　　　　　　100
▶ 5.2　出勤は月1回以上で長時間面談も行う　　　　　　　100
▶ 5.3　出勤は月1回未満　または1回以上でも長時間面談の経験なし　　101
▶ 5.4　ともかく共同実施者になってもらう　　　　　　　　101
▶ 5.5　産業医との協議方法　　　　　　　　　　　　　　　102
▶ 6.1　産業医に共同実施者になってもらうコツ　　　　　　108
▶ 6.2　交渉のツボは情と誠意　　　　　　　　　　　　　　108
▶ 6.3　医師以外の共同実施者　　　　　　　　　　　　　　112
▶ 7.1　健診機関　　　　　　　　　　　　　　　　　　　　115
▶ 7.2　EAP　　　　　　　　　　　　　　　　　　　　　　117
▶ 7.3　その他の外部機関　　　　　　　　　　　　　　　　117
▶ 7.4　設立年月日　　　　　　　　　　　　　　　　　　　119
▶ 7.5　その他の選定基準　　　　　　　　　　　　　　　　119
▶ 7.6　結論　EAPと健診機関　　　　　　　　　　　　　120
▶ 8．厚労省の無料プログラムによる社内実施の検討　　　　121

第11章　実施から面接指導申出まで　　126

- ▶1. 外部機関のサービスの理解と契約，規定への反映　　126
- ▶2.1　事業場と外部機関の役割分担　　131
- ▶2.2　受検勧奨の方法と回数，通知法　　131
- ▶2.3　高ストレス者の選定基準の確認と通知方法　　131
- ▶2.4　面接指導対象者の選定，勧奨方法と回数　　132
- ▶2.5　面接指導の申出の方法，期限　　132
- ▶2.6　医師による面接指導の回数　　132
- ▶2.7　ストレスチェック結果の保存方法　　133

第12章　面接指導，意見聴取，措置の実施と解除　　134

- ▶1.1　用意すべき書類　　135
- ▶1.2　面接場所　　138
- ▶1.3　面接指導を精神科開業医に委託する場合の注意　　139
- ▶2.1　意見聴取は速やかに　　142
- ▶2.2　就業上の措置の決定も速やかに　　143
- ▶2.3　不利益取り扱いに要注意！　　144
- ▶2.4　人事担当者とラインの管理職との隙間をうめる　　145
- ▶2.5　プライバシーより安全配慮義務が優先される　　149
- ▶3.1　実施の確認　　150
- ▶3.2　措置の解除　　150

第13章　本制度の課題と対策　　152

- ▶1.1　低ストレスなら発病しないのか？　　153
- ▶1.2　高ストレスと判定される人　　153
- ▶1.3　課題の取り違え　　159
- ▶1.4　ホンネが言えない人は支援が受けにくい　　159
- ▶1.5　「支援」はコミュニケーションと読みかえる　　159
- ▶2.1　個人情報の取り扱い　　160
- ▶2.2　対策案　全労働者の結果を事業者へ情報開示しない　　161
- ▶2.3　結果を事業者へ情報開示しないリスクは大か？　　163
- ▶3. どこまでがストレスチェック制度？　　164
- ▶4.1　現役産業医の懸念　　167
- ▶4.2　徹底した記録とサイン　　168
- ▶4.3　業務命令書　　170

第14章　集団分析と職場環境改善など　　　　　　171

- 1．集団分析結果は安易に公表しない　　　　　　171
- 2．部課長・産業医カンファレンス　　　　　　　172

鈴木・増田　対談　　　　　　　　　　　　　175

- 本書は本当に実務的です　　　　　　　　　　　176
- 外部機関の実態とは　　　　　　　　　　　　　177
- 産業医・嘱託産業医の問題について　　　　　　179
- ストレスチェック制度は産業医にとってリスクではない　　181
- 産業医の役割とは　　　　　　　　　　　　　　182
- ストレスチェック制度における産業医の役割　　183
- 自己申告式ストレスチェックの問題点，限界　　184
- 労働者は本音を書く？結果は正確？企業にとって予見可能性は含まれるのか　　185
- 正しくストレス度合をはかるには？ストレス把握には年１回では足りない　　187
- 面接指導はこうやる！メンタル不調を防止する指導方法・産業医との連携　　189
- まとめとして　　　　　　　　　　　　　　　　190

参考規程　　　　　　　　　　　　　　　　　194

ストレスチェック制度　実施細則（例）　　　195

- 第１章　総則　　　　　　　　　　　　　　　　195
- 第２章　実施体制　　　　　　　　　　　　　　196
- 第３章　実施方法　　　　　　　　　　　　　　197
- 第４章　記録の保存　　　　　　　　　　　　　201
- 第５章　情報管理　　　　　　　　　　　　　　202
- 第６章　情報開示，訂正，追加及び削除と苦情処理　　203
- 第７章　不利益な取扱いの防止　　　　　　　　204

ストレスチェックQ&A　　　　　　　　　　205

はしがき

本書の執筆には次の方々の支援がありましたことに深謝いたします。
今後ともご指導、ご教示頂ければ幸いです。

静岡専属産業医カンファレンスに所属の産業医の先生方、とりわけ西賢一郎先生、杉 敏彦先生、秋山ひろみ先生、山本 誠先生、池田友紀子先生、芹澤良子先生から、産業医業務の原則にかかわる率直なご意見、ご提案をいただきました。

著者が主催する企業人事法務メンタルヘルス研究会の北岡大介社会保険労務士、須田圭一社会保険労務士、三上安雄弁護士、峰 隆之弁護士、藤田進太郎弁護士の皆様から、法律の解釈についてのご指導をたまわりました。

株式会社フジEAPセンターの坂部善久代表から、嘱託産業医の事業場における実行可能な施策の立案について具体的なヒントをいただきました。

また、各種の研修・セミナーにご参加いただいた人事総務担当者の皆様からの質問とご意見が、理想論ではない現実的なストレスチェック制度を考えていくことへの原動力になったことを強調したいと思います。

最後に、本書は人事総務担当者向けに企画されたため、労働開発研究会の宮重洋暁さんには編集作業のはじめからご尽力いただきました。改めて感謝します。

平成28年4月　鈴木安名

はしがき

　厚生労働省が例年6月下旬に公表する「脳・心臓疾患と精神障害の労災補償状況」によると，精神障害の労災補償状況は，平成26年度は労災請求件数が1456件，支給決定件数も497件といずれも過去最高を記録しており，この数値からも我が国の企業現場においてメンタルヘルス不調者が増加している現状が分かります。

　このような状況を受け，政府は，労働者の安全と健康を確保するために，ストレスチェック制度を含む労働安全衛生法の一部の改正を検討し，改正労働安全衛生法（平成26年法律第82号）が平成26年6月25日に公布され，ストレスチェック制度は既に平成27年12月1日から施行されています。

　この施行に備えて，厚生労働省は，「こころの耳」サイト（http://kokoro.mhlw.go.jp/）において，関係法令・省令・通達・指針を始めとして，説明会資料やマニュアル，Q＆A，規程例等を随時公表し，体制を整えてきました。そして，既に多くの企業人事担当者や産業保健関係者は，その実施に向けた対応を進めておられることと思います。

　筆者は，ストレスチェック制度については，立法過程からその動向を追いかけてきており，弁護士の視点から法的義務と努力義務などの区別を意識し，施行前から労働開発研究会などのセミナー等も行ってきました。そのような中で，今回，光栄なことに，産業精神保健を専門とされる共著者の鈴木安名医師に，実務的により役に立つ本を作ろうというお声掛けをいただき，本書に携わることができました。

　本書は，この本一冊でストレスチェックの基本と応用が分かることをコンセプトとしています。筆者は，弁護士の観点から，ストレスチェック制度の基本のポイントを解説するとともに，企業や実施者等が気になると思われる法的留意点にも触れました。そして，産業精神保健の現場経験豊富な鈴木安名医師が応用的な実務に触れています。

　本書を手に取られている皆様は企業現場においてメンタルヘルス問題に携わっておられる人事労務担当者や産業保健関係者等と思われますが，そのような皆様にとって本書がストレスチェック制度実施と運用の一助になることを期待しております。

　最後に，本書の企画・編集にあたり多大なご尽力をいただいた労働開発研究会の宮重洋暁氏に厚く御礼を申し上げます。

平成28年4月　増田陳彦

第1部　基本編

第1章〜第7章　　執筆：増田陳彦

第1章 総論

▶1 平成26年改正労働安全衛生法によるストレスチェック制度の創設の背景と制度目的

　改正労働安全衛生法（平成26年法律第82号，以下「改正安衛法」という。）は平成26年6月19日に可決成立し，同月25日に公布されました。

　改正安衛法の主たる内容は，①化学物質管理の在り方の見直し，②ストレスチェック制度の創設，③受動喫煙防止対策の推進，④重大な労働災害を繰り返す企業への対応，⑤外国に立地する検査機関等への対応，⑥規制・届出の見直し，の6つの改正です。

　この中で，1つの柱になっているのが②のストレスチェック制度の創設です。

　これは，昨今のメンタルヘルス不調者の増加と，これによる企業現場における実務対応が重要課題になっている状況，精神障害の労災認定件数が増加し過去最高になっている実情から創設されたものです。

　すなわち，厚生労働省が例年6月下旬に公表する「脳・心臓疾患と精神障害の労災補償状況」によると，次頁の表のとおり精神障害の労災補償状況は，労災請求件数が平成23年度は1272件，平成24年度は1257件と過去最高の水準でしたが，平成25年度は1409件とさらに大幅に増加し，平成26年度は1456件と過去最高となりました。支給決定件数も平成23年度が325件，平成24年度は475件，平成25年度は436件となっており，平成26年度は497件と過去最高になっています。

精神障害の労災補償状況

区分	年度	平成22年度	平成23年度	平成24年度	平成25年度	平成26年度
精神障害	請求件数	1181	1272	1257	1409	1456（ 551）
	決定件数 注2	1061	1074	1217	1193	1307（ 462）
	うち支給決定件数 注3	308	325	475	436	497（ 150）
	［認定率］注4	［29.0%］	［30.3%］	［39.0%］	［36.5%］	［38.0%］（32.5%）
うち自殺 注5	請求件数	171	202	169	177	213（ 19）
	決定件数	170	176	203	157	210（ 21）
	うち支給決定件数	65	66	93	63	99（ 2）
	［認定率］	［38.2%］	［37.5%］	［45.8%］	［40.1%］	［47.1%］（ 9.5%）

審査請求事案の取消決定等による支給決定状況 注6

区分	年度	平成22年度	平成23年度	平成24年度	平成25年度	平成26年度
精神障害	支給決定件数 注7	15	20	34	12	21（ 6）
	うち自殺	7	10	15	5	10（ 1）

注 1 本表は、労働基準法施行規則別表第1の2第9号に係る精神障害について集計したものである。
  2 決定件数は、当該年度内に業務上又は業務外の決定を行った件数で、当該年度以前に請求があったものを含む。
  3 支給決定件数は、決定件数のうち「業務上」と認定した件数である。
  4 認定率は、支給決定件数を決定件数で除した数である。
  5 自殺は、未遂を含む件数である。
  6 審査請求事案の取消決定等とは、審査請求、再審査請求、訴訟により処分取消となったことに伴い新たに支給決定した事案
   である。
  7 審査請求事案の取消決定等による支給決定件数は、上表における支給決定件数の外数である。
  8 （ ）内は女性の件数で、内数である。なお、認定率の（ ）内は、女性の支給決定件数を決定件数で除した数である。

精神障害に係る労災請求・決定件数の推移

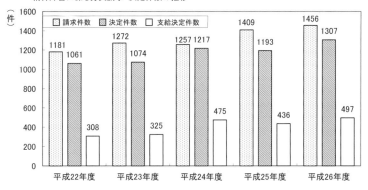

（厚生労働省平成26年度「過労死等の労災補償状況」より）

第1章　総論

　このような企業現場における精神障害発症の状況を受けて，労働者の安全と健康を確保するために，ストレスチェック制度を含む労働安全衛生法の一部の改正が検討されてきました。そして，ストレスチェック制度は，メンタルヘルス不調者の発見のためのものではなく，未然に防止することを主目的とした制度とされています。
　このストレスチェック制度にかかる改正安衛法は平成27年12月1日から施行されており，施行から1年以内の実施が求められます。

▶2　ストレスチェック制度の要点

　ストレスチェック制度は，次の要点1から要点4のように整理できます。

要点1　事業者に対するストレスチェック実施の義務づけ

　事業者に，常時使用する労働者に対して，医師・保健師等による心理的な負担の程度を把握するための検査（ストレスチェック）の実施を義務付ける。
　但し，労働者50人未満の事業場については当分の間努力義務。

要点2　検査結果の通知

　ストレスチェックの検査結果は，検査を実施した医師，保健師等から直接本人に通知され，本人の同意なく事業者に提供することは禁止されている。

要点3　実施後のフォロー

　ストレスチェックの結果，一定の要件に該当する労働者から申し出があった場合，医師による面接指導を実施することが事業者の義務である。
　事業者は，面接指導の結果に基づき，当該労働者の健康を保持するために必要な措置について，省令の定めにより，医師の意見を聴かなければならない。

要点4　労働者の実情を考慮した措置の実施

　事業者は，医師の意見を勘案し，その必要があると認めるときは，労働者の実情を考慮して，就業場所の変更，作業の転換，労働時間の短縮，深夜業の回数の減少等の措置を講ずるほか，当該医師の意見の衛生委員会もしくは安全衛生委員会又は労働時間等設定改善委員会への報告その他の適切な措置を講じなければならない。

▶3　ストレスチェック制度の全体像

　ストレスチェック制度は，改正安衛法66条の10のほか，労働安全衛生規則や指針を踏まえて実施する必要があり，その全体像をフローにしたものは次のとおりです。

≪ストレスチェック制度のフロー図≫

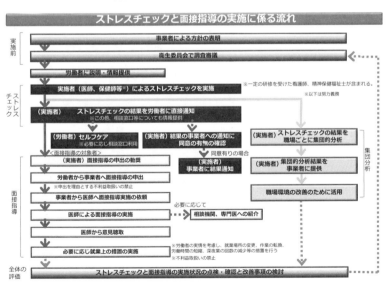

（厚生労働省「こころの耳」サイトより）

第1章　総論

　このフローから，ストレスチェック制度を大きく分類すると，次の5ステップに整理することができます。

- ステップ1　実施前の準備
- ステップ2　ストレスチェックの実施
- ステップ3　面接指導の実施
- ステップ4　集団ごとの集計・分析
- ステップ5　全体の評価

▶4　ストレスチェック制度の実施にあたっての留意点

　ストレスチェック制度は，主に次の改正安衛法及び省令（労働安全衛生規則，以下「安衛則」という），指針，通達に基づいて実施するべきことになります。
　①　改正安衛法第66条の10
　②　安衛則第52条の9〜第52条の21
　③　通達
　④　指針
　また，厚生労働省が公表する「労働安全衛生法に基づくストレスチェック制度実施マニュアル」（以下「マニュアル」）も存在します。
　人の心理は，"マニュアル"が公表されると，ついそれに頼ってしま

いがちですが，厚生労働省自身もマニュアルはあくまで「参考として公表するもの」であることを厚生労働省が公表するQ&A（巻末資料Q0-10）において説明しています。（通達，指針，マニュアル，Q&A等の主な情報は，厚生労働省の「こころの耳」サイトhttp://kokoro.mhlw.go.jp/にて入手できます。）

　ストレスチェックが法に基づく制度であることからして，弁護士である筆者の視点でいえば，事業者ないし実施者としては，何が"法的義務"であるか，をまずしっかりと理解することが重要であると思います。

　そして，法的義務の次に"努力義務"があり，その次に"望ましい"とされる事項があります。

　これらの違いを意識して，企業が法的に何をしなければならないのかを確認しながら実施すべきでしょう。

▶5　ストレスチェック制度における法的義務

　ここで，ストレスチェック制度に関する条文をみて，何が法的義務になるのかを確認してみたいと思います。

　以下，改正安衛法66条の10の各項に沿って確認します。

> （心理的な負担の程度を把握するための検査等）
> 第66条の10　事業者は，労働者に対し，厚生労働省令で定めるところにより，医師，保健師その他の厚生労働省令で定める者（以下この条において「医師等」という。）による心理的な負担の程度を把握するための検査を行わなければならない。

　この第1項の条文は，「…行わなければならない。」として，事業者がストレスチェック制度を行う"法的義務"を定めています。そして，その義務の前提として「厚生労働省令で定めるところにより」とされています。

　つまり，厚生労働省令である安衛則を前提として，ストレスチェック

制度を実施する義務があることとなります。この安衛則の具体的内容については後に随時触れます（以下同様）。

> 2 事業者は，前項の規定により行う検査を受けた労働者に対し，厚生労働省令で定めるところにより，当該検査を行つた医師等から当該検査の結果が通知されるようにしなければならない。この場合において，当該医師等は，あらかじめ当該検査を受けた労働者の同意を得ないで，当該労働者の検査の結果を事業者に提供してはならない。

　第2項の条文は，事業者と医師等の"法的義務"を定めるものです。まず，第1文は事業者は，第1項のストレスチェックを受けた労働者に対して，ストレスチェックを実施した医師等から，検査結果が通知されるようにする義務を負うことを定めるものです。このように事業者が義務を負う旨の規定です。そして，その前提として，「厚生労働省令」（安衛則）によることとなります。
　第2文は，結果通知を行った医師等の義務として，労働者の同意なくして，結果を事業者に提供してはなりません。これは医師等の実施者の"法的義務"ですから，実施者はこれを遵守する必要があります。

> 3 事業者は，前項の規定による通知を受けた労働者であつて，心理的な負担の程度が労働者の健康の保持を考慮して厚生労働省令で定める要件に該当するものが医師による面接指導を受けることを希望する旨を申し出たときは，当該申出をした労働者に対し，厚生労働省令で定めるところにより，医師による面接指導を行わなければならない。この場合において，事業者は，労働者が当該申出をしたことを理由として，当該労働者に対し，不利益な取扱いをしてはならない。

　第3項の条文は，事業者の"法的義務"を定めるものであり，厚生労働省令（安衛則）で定める要件に該当する労働者が，医師による面接指導を受けることを希望すれば，事業者が，医師による面接指導を行う義務を負っています。そして，事業者は，その申し出を理由とする不利益取扱いをすることが禁止されています。

> 4 事業者は,厚生労働省令で定めるところにより,前項の規定による面接指導の結果を記録しておかなければならない。

この第4項の条文も,事業者の"法的義務"を定めるものであり,「厚生労働省令」(安衛則)によって,面接指導結果の記録をしなければなりません。

> 5 事業者は,第三項の規定による面接指導の結果に基づき,当該労働者の健康を保持するために必要な措置について,厚生労働省令で定めるところにより,医師の意見を聴かなければならない。

この第5項の条文も,事業者の"法的義務"を定めるものであり,「厚生労働省令」(安衛則)によって,医師の意見を聴かなければなりません。

> 6 事業者は,前項の規定による医師の意見を勘案し,その必要があると認めるときは,当該労働者の実情を考慮して,就業場所の変更,作業の転換,労働時間の短縮,深夜業の回数の減少等の措置を講ずるほか,当該医師の意見の衛生委員会若しくは安全衛生委員会又は労働時間等設定改善委員会への報告その他の適切な措置を講じなければならない。

この第6項の条文は,事業者の"法的義務"を定めるものです。第5項の面接指導による医師の意見をふまえて,就業上の配慮措置等を講ずることを義務づけています。事業者が,この措置をどこまで行わなければならないのかは非常に重要な点ですので第4章7で述べます。

> 7 厚生労働大臣は,前項の規定により事業者が講ずべき措置の適切かつ有効な実施を図るため必要な指針を公表するものとする。

この第7項の条文は,厚生労働大臣が,指針を公表するとするものであり,その指針が2015年4月15日に公表され,その後,同年11月30日に改定されています。

第1章　総論

　この指針の位置づけについて，厚生労働省はＱ＆Ａ（Q0－10）において，改正安衛法66条の10第7項に基づいて公表するものであり，事業者は指針に基づいて，ストレスチェック制度を実施する必要があると説明されています。指針を見ると，その文言からして，義務的なものとして記載されている事項と，義務的とまではいえない事項など様々となります。

> 8　厚生労働大臣は，前項の指針を公表した場合において必要があると認めるときは，事業者又はその団体に対し，当該指針に関し必要な指導等を行うことができる。
> 9　国は，心理的な負担の程度が労働者の健康の保持に及ぼす影響に関する医師等に対する研修を実施するよう努めるとともに，第二項の規定により通知された検査の結果を利用する労働者に対する健康相談の実施その他の当該労働者の健康の保持増進を図ることを促進するための措置を講ずるよう努めるものとする。

　第8項は，厚生労働大臣が，指針に関する指導を行うことができることを定めています。また，第9項は，国が医師等に対する研修の実施と労働者に健康の保持増進を図る措置を講ずるよう努めることが定められています。

▶6　ストレスチェック制度の実施主体としての「事業者」

（1）「事業者」とは

　ストレスチェックの実施主体は「事業者」ですが，事業者については，安衛法第2条3号において「事業を行う者で，労働者を使用するものをいう。」との定義が示されています。そして，事業者は，その事業における経営主体のことをいい，したがって，個人事業にあってはその事業主個人，会社その他の法人の場合には法人そのものを意味します（労働調査会「改訂4版　労働安全衛生法の詳解」198頁）。このように個人

でも法人でも事業主となりますので，特に個人事業主で50人以上の従業員を雇用している場合には留意が必要です。

(2) 50人未満の事業場は努力義務

　改正安衛法の附則第4条によって，産業医の選任義務のない50人未満の事業場については，当分の間，"努力義務"とされました。

　ストレスチェック制度の実施義務は，事業場ごととなりますので，例えば30人の事業場が複数ある事業者については，いずれの事業場においても産業医の選任義務がないこととなり，ストレスチェック実施の法的義務はありません。

　もっとも，例えば多数の事業場を有する事業者について，多くの事業場が50人を超えているものの，一部の事業場が50人未満であるという場合には，50人未満の事業場について実施の法的義務がないとしても，他の事業場との公平な扱いや全社的な人事労務管理の観点からすると，50人未満の事業場でも実施することは適切な対応と言えるでしょう。

　なお，事業場の所在地が同一の都道府県である，複数の従業員50人未満の事業場が，合同でストレスチェックを実施し，また，合同で選任した産業医にストレスチェック後の面接指導等の産業医活動の提供を受けた場合には，次の費用の助成制度があります。

---

①ストレスチェック（年1回）を行った場合
　1労働者につき500円を上限として，その実費額を支給
②ストレスチェック後の面接指導などの産業医活動を受けた場合
　1事業場あたり産業医1回の活動につき21,500円を上限として，その実費額を支給（1事業場につき年3回を限度）

　助成金の詳細については，独立行政法人労働者健康安全機構のHPをご参照下さい。
　http://www.johas.go.jp/sangyouhoken/stresscheck/tabid/1005/Default.aspx

第1章　総論

▶7　法律，省令，通達，指針，マニュアルの関係とその位置づけ

　ストレスチェックを実施するうえで，事業者ないし実施者としては，法律と，省令，通達，指針の関係と位置づけを理解しておくべきです。まず，ストレスチェック制度を定める改正安衛法第66条の10が基本となる法律条文です。この条文で何が法的な義務であるかについて前記5で説明しました。

　そして，法律条文で「厚生労働省令で定めるところにより」とされている事項は，法律条文の前提として省令である安衛則の内容を踏まえる必要があることとなります。省令で「～なければならない」「～努めなければならない」との文言の違いで，法的義務か，努力義務かが区別できます。

　そして，通達は，法律条文についての行政解釈を示すものであり，行政機関は，通達の解釈をもとに，行政指導等を行うこととなります。行政解釈はあくまで行政機関内部の解釈の問題ですが，事業者は行政解釈を踏まえた対応を行うべきことになります。

　指針は，改正安衛法第66条の10第7項によるものとなり，Q＆A（Q0-10）においては，指針に基づいてストレスチェックを実施する必要があるとされています。指針はあくまで指針であり，法律および省令とは性質が異なりますが，実施義務を負っている事業者としては，指針に記載されている事項を遵守して実施することが求められます。

　マニュアルは，法的な位置づけがあるものではなく，事業場でストレスチェック制度を実施する際の参考として公表されているものです（Q＆A　Q0-10参照）。したがって，マニュアルに記載されていることをすべて実施できなくても問題はありませんが，参考にできる情報も多いので是非参照してください。

▶8 ストレスチェックの受検義務の有無

 今回の改正安衛法で，ストレスチェック制度が創設され，事業者に実施が義務付けられましたが，それでは，事業者が，労働者の受検義務を就業規則に定めたり，ストレスチェック受診の業務命令を出すなどして，ストレスチェック受検を義務づけることができるでしょうか。
 結論的には，受検を労働者に義務付けることはできないと考えられます。
 なぜなら改正安衛法のストレスチェックの当初法案要綱では，労働者の受検義務が明記されており，平成26年2月4日の労働政策審議会で答申を得ていましたが，その後，与党内の議論を経て，ストレスチェック制度を受けたくないという労働者にまで受検を義務づける必要はないということから，同年3月11日の閣議決定前に，労働者の受検義務が削除されたという立法経過があります。
 このような立法経過と，改正安衛法で労働者の受検義務が明記されていないことからして，就業規則に定めて，労働者に受検を義務付けることはできないと考えられます（これに対し，一般健康診断は受診義務が安衛法66条5項で明記されています。）。
 そして，仮に就業規則に受検義務を定めたとしても，法令に違反するものとして無効となると考えられます（労働契約法13条）。
 この点について，改正安衛法の制定過程の平成26年6月18日の衆議院厚生労働委員会において，野党議員の「受診命令自体を就業規則に書くこと自体はありか？」との質問に対し，政府参考人（厚生労働省労働基準局長）は「ストレスチェックについては受診義務を課しておりませんので，就業規則に書くというのは，法令に反するものだと考えております。」と答弁しています。なお，国会の附帯決議においても「ストレスチェック制度の実施に当たっては，労働者の意向が十分に尊重されるよう，事業者が行う検査を受けないことを選んだ労働者が，それを理由に不利益な取り扱いを受けることのないようにすること。」として，受検義務はないことが前提とされています。

また，ストレスチェック制度受検の業務命令についても，命令の法的根拠がないこととなり，命令することはできません。

▶9　一般健康診断とストレスチェック制度の関係

　一般健康診断における自他覚症状の有無の検査（いわゆる医師による「問診」）でも，労働者の精神面の症状を診る項目が含まれていますので，これとストレスチェックの関係をどのように理解すべきでしょうか。

　一般健康診断（安衛法66条）は，年１回（深夜労働等は年２回）の労働者の受診義務が明記されていますが（安衛法66条５項），ストレスチェック制度では，受検義務は明記されませんでした。そして，ストレスチェックは，検査の頻度は，省令で１年ごとに１回とされています。

　一般健康診断の問診は，労働者の身体症状のみならず，精神面の症状も同時に診ることにより，総合的に心身の健康の状況を判断するものであり，原則として問診に含める項目について制限はありません。

　一方，ストレスチェックは，労働者のプライバシーを守るために本人の同意がない場合はストレスチェックの結果を事業者に提供してはならないとされています。また，ストレスチェックは，調査票によって「心身のストレス反応」，「ストレス要因」及び「周囲のサポート」の３領域にまたがる項目により，ストレスの状況を点数化し，数値評価するものです。

　これに対し，一般健康診断の問診で，例えば，「イライラ感」，「不安感」，「抑うつ感」，「睡眠不足」，「食欲不振」など，心身の状況に関する項目であっても，点数化や数値評価を行わない方法（例えば，５段階で程度を記入してもらうのではなく，「はい・いいえ」といった回答項目を設けるなど）で把握する場合には，ストレスチェックには該当しないものとして整理されます。

　このように，一般健康診断の問診とストレスチェックは，あくまで別の制度として両立するものであると整理できます。

　そして，一般健康診断とストレスチェックについて，指針は次のとお

り区別するよう求めています。

> 【指針】事業者は，ストレスチェック及び法第66条第1項の規定による健康診断の自覚症状及び他覚症状の有無の検査（以下「問診」という。）を同時に実施することができるものとする。ただし，この場合において，事業者は，ストレスチェックの調査票及び健康診断の問診票を区別する等，労働者が受検・受診義務の有無及び結果の取扱いがそれぞれ異なることを認識できるよう必要な措置を講じなければならないものとする。

▶10 ストレスチェック制度による使用者の安全配慮義務への影響

　事業者としては，ストレスチェック制度の実施により，使用者の安全配慮義務（労働契約法5条）に影響を及ぼすといえるかは気になるところです。

　ストレスチェック制度を実施したうえで，労働者の同意のもとに，事業者が検査結果を知り，検査結果が，高ストレス状態であるという要件に該当する場合は，そのような心身の状態を使用者として認識することになります。

　そのような状態を認識した使用者としては，さらに悪化しないための配慮が求められるものと考えられ，その配慮の一つの表れが，改正安衛法66条の10第6項の事後措置といえますが，同項の措置に至らない場合でも，業務量の調整や職場環境調整等が必要な場合にはこれら調整を図るなどの増悪しない配慮が求められるケースもあり得ると考えられます。

　このようにストレスチェック制度によって，個々の社員の高ストレス状態という結果を認識することにより，さらなるストレス負荷を防止する必要が生じ得るという意味では安全配慮義務の範囲を拡大する側面があるものと考えられます。

第1章 総論

▶11 ストレスチェック制度における高ストレス状態と業務上災害の関係

　ストレスチェック制度が創設された背景には，精神障害の労災認定件数の増加がありますが，ストレスチェック制度は，心理的な負担の程度を把握するための検査を実施するものであり，点数評価で高ストレス状態であるかどうかが判定される仕組みです。しかし，これは高ストレス状態についての業務起因性を判断するものではありません。
　ストレスチェック項目として想定される項目も，記入時点の状態を示すものであり，業務起因性の判断ができる性質のものでもありません。ストレスチェック制度による心理的負担の程度の把握と，労災認定における業務起因性は別のものであり，高ストレス状態であるから，業務起因性があるということにはなりません。
　そして，精神障害の労災認定については，平成23年12月に公表された「心理的負荷による精神障害の認定基準」（基発1226第1号）によって判断されます。

第2章 ステップ①（実施前の準備）

▶1　事業者による基本方針の表明

　指針では，事業者が，実施前に基本方針を表明するものとされています。

> 【指針】事業者は，法，規則及び本指針に基づき，ストレスチェック制度に関する基本方針を表明する。

　基本方針の表明は指針で求められるものですが，指針が改正安衛法66条の10第7項によるものであり，「表明する」との文言からして義務的な性質があるものと考えられます。

　この基本方針は，事業者が表明するとされていますが，ストレスチェックの実施に関する詳細については，2で述べる衛生委員会又は安全衛生委員会（以下「衛生委員会等」という。）における調査審議や，規程整備が求められていますので，実務的には，衛生委員会等の意見も踏まえて，表明することもあると思われます。

　この基本方針はシンプルなもので良いと考えますが，そのサンプルは次のとおりです。（なお，本誌で以下において挙げるサンプルは，いずれも筆者の私見に基づくものであり，企業の実情に応じた修正等が必要と思われますので，その前提で参考にして下さい。）

> **(基本方針)**
> 当社は，労働安全衛生法第66条の10，省令，指針に基づくストレスチェック制度の実施を通じて，メンタルヘルス不調者発生の未然防止に努めるものとする。

　この基本方針案は，非常にシンプルにしています。基本方針は衛生委員会等で審議して定める規程に盛り込み，周知することで方針表明になると考えられますし，独立したものとして，文書で周知することでもよいと考えます。

▶2　衛生委員会等における調査審議と規程整備

　指針では，ストレスチェック実施前に，調査審議と規程整備を行うことが求められています。

> **【指針】**衛生委員会等において，ストレスチェック制度の実施方法等について調査審議を行い，その結果を踏まえ，事業者がその事業場におけるストレスチェック制度の実施方法等を規程として定める。

　そして，指針では，衛生委員会等で，次の①～⑪の事項について調査審議して，事業者が実施方法等について規程を整備することが求められています。
　以下の①～⑪が指針の抜粋です。
　指針では，かなり細かい事項まで調査審議し，規程とすることが求められていますが，指針の「定める」との文言からすると，法律そのものではないとしても，指針が改正安衛法66条の10第7項による指針であることからして，規程化は義務的な性質を帯びるものであると考えられます。実施にあたって，実務上は指針を踏まえた規程を設けることとなるでしょう。

① ストレスチェック制度の目的に係る周知方法
・ストレスチェック制度は，労働者自身のストレスへの気付き及びその対処の支援並びに職場環境の改善を通じて，メンタルヘルス不調となることを未然に防止する一次予防を目的としており，メンタルヘルス不調者の発見を一義的な目的とはしないという趣旨を事業場内で周知する方法。

② ストレスチェック制度の実施体制
・ストレスチェックの実施者及びその他の実施事務従事者の選任等ストレスチェック制度の実施体制。
実施者が複数いる場合は，共同実施者及び実施代表者を明示すること。この場合において，当該事業場の産業医等が実施者に含まれるときは，当該産業医等を実施代表者とすることが望ましい。なお，外部機関にストレスチェックの実施の全部を委託する場合は，当該委託契約の中で委託先の実施者，共同実施者及び実施代表者並びにその他の実施事務従事者を明示させること（結果の集計業務等の補助的な業務のみを外部機関に委託する場合にあっては，当該委託契約の中で委託先の実施事務従事者を明示させること）。

③ ストレスチェック制度の実施方法
・ストレスチェックに使用する調査票及びその媒体。
・調査票に基づくストレスの程度の評価方法及び面接指導の対象とする高ストレス者を選定する基準。
・ストレスチェックの実施頻度，実施時期及び対象者。
・面接指導の申出の方法。
・面接指導の実施場所等の実施方法。

④ ストレスチェック結果に基づく集団ごとの集計・分析の方法
・集団ごとの集計・分析の手法。
・集団ごとの集計・分析の対象とする集団の規模。

⑤ ストレスチェックの受検の有無の情報の取扱い
・事業者による労働者のストレスチェックの受検の有無の把握方法。
・ストレスチェックの受検の勧奨の方法。

⑥ ストレスチェック結果の記録の保存方法
・ストレスチェック結果の記録を保存する実施事務従事者の選任。

- ・ストレスチェック結果の記録の保存場所及び保存期間。
- ・実施者及びその他の実施事務従事者以外の者によりストレスチェック結果が閲覧されないためのセキュリティの確保等の情報管理の方法。
- ⑦ ストレスチェック,面接指導及び集団ごとの集計・分析の結果の利用目的及び利用方法
- ・ストレスチェック結果の本人への通知方法。
- ・ストレスチェックの実施者による面接指導の申出の勧奨方法。
- ・ストレスチェック結果,集団ごとの集計・分析結果及び面接指導結果の共有方法及び共有範囲。
- ・ストレスチェック結果を事業者へ提供するに当たっての本人の同意の取得方法。
- ・本人の同意を取得した上で実施者から事業者に提供するストレスチェック結果に関する情報の範囲。
- ・集団ごとの集計・分析結果の活用方法。
- ⑧ ストレスチェック,面接指導及び集団ごとの集計・分析に関する情報の開示,訂正,追加及び削除の方法
- ・情報の開示等の手続き。
- ・情報の開示等の業務に従事する者による秘密の保持の方法。
- ⑨ ストレスチェック,面接指導及び集団ごとの集計・分析に関する情報の取扱いに関する苦情の処理方法
- ・苦情の処理窓口を外部機関に設ける場合の取扱い。
  なお,苦情の処理窓口を外部機関に設ける場合は,当該外部機関において労働者からの苦情又は相談に対し適切に対応することができるよう,当該窓口のスタッフが,企業内の産業保健スタッフと連携を図ることができる体制を整備しておくことが望ましい。
- ⑩ 労働者がストレスチェックを受けないことを選択できること
- ・労働者にストレスチェックを受検する義務はないが,ストレスチェック制度を効果的なものとするためにも,全ての労働者がストレスチェックを受検することが望ましいという制度の趣旨を事業場内で周知する方法。
- ⑪ 労働者に対する不利益な取扱いの防止

・ストレスチェック制度に係る労働者に対する不利益な取扱いとして禁止される行為を事業場内で周知する方法。

▶3 ストレスチェック制度規程の具体例案

　2の衛生委員会等で調査審議して事業者が定めることが求められる規程について，厚生労働省は，2015年9月30日にストレスチェック制度実施規程例を公表しました。

　しかし，この規程例は，あくまで参考であるため，企業の実情に応じて修正する必要があります。そして，少なくとも指針に示されている項目をカバーする内容であれば，指針が求める規程といえ，法の趣旨に沿うものとなります。

　そこで，あくまで筆者の私見ですが，厚生労働省の規程例をベースにしつつややシンプルにした規程例を本書巻末資料（194頁以下）に示します（あくまでサンプルであり，各事業者の実情に応じて修正してください。）。後述する通り，指針で定めることが求められる規程は，もっぱらストレスチェックの運用ルールが中心であり，就業規則（労基法89条）とは異なりますので，筆者としては，就業規則と明確に区別するために，実施規程という名称ではなく，実施細則という表題が適切ではないかと考えています。

▶4 指針に基づくストレスチェック制度規程と就業規則の関係

　指針においては，衛生委員会等の調査審議を踏まえ事業者が実施方法等を規程として定めるとされていますが，厚生労働省の規程例の内容からしても，もっぱらストレスチェックの運用ルールを定める実施細則的なものといえ，指針に基づく規程は労働契約の内容となる就業規則の一

部とまでは位置づけられていないと考えられます。

　また，この指針に基づく規程について，指針，通達，マニュアルにおいても，就業規則の変更手続によるべきとは説明されておらず，就業規則に関する労基法89条6号の安全及び衛生に関する定めであるとまでは位置づけられていないと解されます。

　そして，厚生労働省のQ&A（Q2-2）においても，「ストレスチェック制度に関する内部規程については，特に形式を問いませんので，何らかの形で，文書化していただければ問題ありません。また，就業規則に該当するものでもありませんので，労働基準監督署への届出も必要ありません。」とされています。

　したがって，指針で定めることが求められている規程については，就業規則ではなく，労基法90条の変更手続も不要です。

　では，指針で定めることが求められる規程については就業規則でないとしても，ストレスチェック制度の実施自体に関する定めを就業規則に設けるべきでしょうか。

　改正安衛法のストレスチェック制度においては，事業者の実施義務や，労働者が希望する場合の医師による面接と，医師の意見を踏まえた就業上の措置が定められていますので，ストレスチェック制度を受けて，就業規則にストレスチェック制度に関する規定を設ける就業規則変更をする必要性があるかは気になるところです。

　そこで，ストレスチェック制度について就業規則で触れるとすれば，安全及び衛生に関する定め（労基法89条6号）であり，これは相対的必要記載事項です。しかし，安衛法関連の規定を全て就業規則に反映することは難しいと思われ，記載が求められるのは安衛法等に規定されている事項のうち当該事業場において特に必要な事項の細目等と解されます（厚生労働省労働基準局編「平成22年版労働基準法下」900頁参照・労務行政）。

　今回のストレスチェック制度においては，事業者は，医師の意見を勘案して，必要があると認めるときは，就業場所の変更，作業の転換，労働時間の短縮等の措置を講ずることが求められますが，同様の措置については，既に安衛法66条の5（健康診断実施後の措置）や同法66条の8（面接指導等）でも規定されています。

しかし，実務的にはこれら措置について就業規則に明記している例もあれば，明記していない例もあります（なお厚生労働省労働基準局監督課が公表している「モデル就業規則」（平成25年3月）では安衛法66条の5，同66条の8を踏まえた規定例が示されています。）。

　既に安衛法66条の5や同66条の8の措置があることから，ストレスチェック制度における事業者の講ずる事後措置も，特別なことを規定するものとまではいえず，直ちに就業規則に規定化する義務まではないと考えますが，事業者に求められる措置ですので，明記しておくことが望ましいと考えます。その場合の規定例として次のようなものが考えられます。

（ストレスチェック）
第○○条　会社は，従業員に対し，毎年1回，心理的な負担の程度を把握するための検査（ストレスチェック）を行う。
2　会社は，前項の検査を受けた従業員のうち，法令の要件に該当する者が希望する場合，医師による面接指導を行う。
3　前項の面接指導の結果，会社が必要と認めるときは，当該従業員の実情を考慮して，時間外・休日労働の制限，出張の制限，労働負荷の制限，作業の転換，就業場所の変更，深夜業の回数の減少等の措置を講ずることがある。

　なお，就業規則において労働者にストレスチェックの受検を義務付けることはできません（第1章，8参照）。

▶5　実施体制の整備

　ストレスチェック制度の実施体制の整備については次の指針を踏まえる必要があります。

> 【指針】ストレスチェック制度は事業者の責任において実施するものであり，事業者は，実施に当たって，実施計画の策定，当該事業場の産業医等の実施者又は委託先の外部機関との連絡調整及び実施計画に基づく実施の管理等の実務を担当する者を指名する等，実施体制を整備することが望ましい。
>
> 　当該実務担当者には，衛生管理者又はメンタルヘルス指針に規定する事業場内メンタルヘルス推進担当者を指名することが望ましいが，ストレスチェックの実施そのものを担当する実施者及びその他の実施事務従事者と異なり，ストレスチェック結果等の個人情報を取り扱わないため，労働者の解雇等に関して直接の権限を持つ監督的地位にある者を指名することもできる。

　指針では，ストレスチェック制度の実施体制の整備について，メンタルヘルス推進担当者を指名することが"望ましい"とされており，推進担当者は，実施者及び実施事務従事者とは区別して整理されています。推進担当者については，その前提として，労働者の解雇等の人事権を有しても良いとされています。他方，実施者や，実施事務従事者は労働者の解雇等の人事権を有しないことが求められます。

　この指針を踏まえると，ストレスチェック制度に関する実施体制としては，次のような3つに整理することができます。

　企業はこれを意識した人員体制を整備することが求められます。

| 事業者 | ⇒ | ストレスチェック制度の実施責任 方針の決定 |

| 制度の推進担当者（衛生管理者，事業場内メンタルヘルス推進担当者等） | ⇒ | ストレスチェック制度の実施計画の策定実施の管理等 |

| 実施者（産業医等）実施事務従事者（産業保健スタッフ，事務職員等）≪守秘義務あり≫ | ⇒ | ストレスチェックの実施（企画及び結果の評価），面接指導の実施 実施者の補助（調査票の回収，データ入力等） |

　実際の流れとしては，まず，制度の推進担当者が社内のストレスチェック制度案の構築を担当し，衛生委員会等での調査審議を経て制度ができあがると，次は，実施者と実施事務従事者によって制度が実施されることになります。

　この制度構築は，大半は衛生委員会等における調査審議と規程整備によってなされることとなりますが，規程に沿ったイントラネット等の社内インフラ面，記録の管理体制等の整備も含まれることとなります。

▶6　産業医はストレスチェックの実施者でなければならないのか

　ストレスチェックの実施者は，医師，保健師，一定の要件を満たす看護師又は精神保健福祉士となりますが（第3章，5参照），安衛則14条1項において，産業医の職務として，次の規定が加えられました。

（産業医及び産業歯科医の職務等）
【安衛則】第14条　法第13条第1項の厚生労働省令で定める事項は，次の事項で医学に関する専門的知識を必要とするものとする。
（略）

> 3　法第66条の10第1項に規定する心理的な負担の程度を把握するための検査の実施並びに同条第3項に規定する面接指導の実施及びその結果に基づく労働者の健康を保持するための措置に関すること。

　ストレスチェックの実施体制を整えるに当たり，産業医がストレスチェックの実施者になるべきかどうかが問題となるのですが，ストレスチェックの実施者となることによる業務負担増や，実施者になることによって生じるかもしれない労働者とのトラブル発生の懸念から，産業医が実施者になることを回避することも想定されます。

　この点，通達では，産業医が，ストレスチェック制度に関しても中心的役割を担うことが適当とされていますが，上記の安衛則14条1項3号は，産業医がストレスチェック及び面接指導等の実施に直接従事することまでを求めているものではありませんので，産業医が実施者にならず，また，面接指導を行わなくとも法的な問題はありません。

　もっとも，通達では，産業医が，衛生委員会等に出席して医学的見地から意見を述べるなど，何らかの形でストレスチェック及び面接指導の実施等に関与すべきことを定めたものであるとされています。また，通達は，事業場の状況を日頃から把握している産業医がストレスチェック及び面接指導等の実施に直接従事することが望ましいとしています。

第3章 ステップ②(ストレスチェックの実施)

▶1 ストレスチェックの具体的検査内容

ストレスチェックの実施に関する安衛則及び指針は次のとおりです。

> 【安衛則】第52条の9　事業者は,常時使用する労働者に対し,1年以内ごとに1回,定期に,次に掲げる事項について検査を行わなければならない。
> 1　職場における当該労働者の心理的な負担の原因に関する項目
> 2　当該労働者の心理的な負担による心身の自覚症状に関する項目
> 3　職場における他の労働者による当該労働者への支援に関する項目

　この安衛則は,ストレスチェックの検査項目について規定するものであり,事業者は,義務として,「常時使用する労働者」について上記1～3の項目をカバーする検査を行う必要があります。この検査の調査票の具体例が,次の指針で示されています。

> 【指針】事業者がストレスチェックに用いる調査票は,規則第52条の9第1項第1号から第3号までに規定する3つの領域に関する項目が含まれているものであれば,実施者の意見及び衛生委員会等での調査審議を踏まえて,事業者の判断により選択することができるものとする。なお,事業者がストレスチェックに用いる調査票としては,別添の「職業性ストレス簡易調査票」を用いることが望ましい。

第3章 ステップ②(ストレスチェックの実施)

　指針は、まず、ストレスチェックの調査票は、衛生委員会等の調査審議により、事業者の判断で選択することができるとしています。そして、調査票については、従来から職業性ストレス簡易調査票になるであろうと見込まれていましたが、指針においても、職業性ストレス簡易調査票を用いることが望ましいとされました。
　職業性ストレス簡易調査票の具体的内容は次頁のとおりです。

　もっとも、職業性ストレス簡易調査票の採用は「望ましい」とするものであり、実際にどのようなものを用いるかは、事業者の判断により選択することができます。
　厚生労働省のQ&A(Q3-4)では、職業性ストレス簡易調査票の57項目から項目を増やしたり減らしたりしても、上記安衛則の3つの項目領域が含まれていれば構わないとされていますが、独自に項目を設定する場合には、一定の科学的根拠に基づいた上で、実施者の意見の聴取、衛生委員会等で調査審議を行う必要があるとされています。

職業性ストレス簡易調査票

A あなたの仕事についてうかがいます。最もあてはまるものに〇を付けてください。

		そうだ	まあそうだ	ややちがう	ちがう
1.	非常にたくさんの仕事をしなければならない	1	2	3	4
2.	時間内に仕事が処理しきれない	1	2	3	4
3.	一生懸命働かなければならない	1	2	3	4
4.	かなり注意を集中する必要がある	1	2	3	4
5.	高度の知識や技術が必要なむずかしい仕事だ	1	2	3	4
6.	勤務時間中はいつも仕事のことを考えていなければならない	1	2	3	4
7.	からだを大変よく使う仕事だ	1	2	3	4
8.	自分のペースで仕事ができる	1	2	3	4
9.	自分で仕事の順番・やり方を決めることができる	1	2	3	4
10.	職場の仕事の方針に自分の意見を反映できる	1	2	3	4
11.	自分の技能や知識を仕事で使うことが少ない	1	2	3	4
12.	私の部署内で意見のくい違いがある	1	2	3	4
13.	私の部署と他の部署とはうまが合わない	1	2	3	4
14.	私の職場の雰囲気は友好的である	1	2	3	4
15.	私の職場の作業環境（騒音、照明、温度、換気など）はよくない	1	2	3	4
16.	仕事の内容は自分にあっている	1	2	3	4
17.	働きがいのある仕事だ	1	2	3	4

B 最近1か月間のあなたの状態についてうかがいます。最もあてはまるものに〇を付けてください。

		ほとんどなかった	ときどきあった	しばしばあった	ほとんどいつもあった
1.	活気がわいてくる	1	2	3	4
2.	元気がいっぱいだ	1	2	3	4
3.	生き生きする	1	2	3	4
4.	怒りを感じる	1	2	3	4
5.	内心腹立たしい	1	2	3	4
6.	イライラしている	1	2	3	4
7.	ひどく疲れた	1	2	3	4
8.	へとへとだ	1	2	3	4
9.	だるい	1	2	3	4
10.	気がはりつめている	1	2	3	4
11.	不安だ	1	2	3	4
12.	落着かない	1	2	3	4
13.	ゆううつだ	1	2	3	4
14.	何をするのも面倒だ	1	2	3	4
15.	物事に集中できない	1	2	3	4
16.	気分が晴れない	1	2	3	4
17.	仕事が手につかない	1	2	3	4
18.	悲しいと感じる	1	2	3	4

第3章 ステップ②（ストレスチェックの実施）

	ほとんどなかった	ときどきあった	しばしばあった	ほとんどいつもあった
19. めまいがする	1	2	3	4
20. 体のふしぶしが痛む	1	2	3	4
21. 頭が重かったり頭痛がする	1	2	3	4
22. 首筋や肩がこる	1	2	3	4
23. 腰が痛い	1	2	3	4
24. 目が疲れる	1	2	3	4
25. 動悸や息切れがする	1	2	3	4
26. 胃腸の具合が悪い	1	2	3	4
27. 食欲がない	1	2	3	4
28. 便秘や下痢をする	1	2	3	4
29. よく眠れない	1	2	3	4

C　あなたの周りの方々についてうかがいます。最もあてはまるものに〇を付けてください。

	非常に	かなり	多少	全くない

次の人たちはどのくらい気軽に話ができますか？

1. 上司	1	2	3	4
2. 職場の同僚	1	2	3	4
3. 配偶者、家族、友人等	1	2	3	4

あなたが困った時、次の人たちはどのくらい頼りになりますか？

4. 上司	1	2	3	4
5. 職場の同僚	1	2	3	4
6. 配偶者、家族、友人等	1	2	3	4

あなたの個人的な問題を相談したら、次の人たちはどのくらいきいてくれますか？

7. 上司	1	2	3	4
8. 職場の同僚	1	2	3	4
9. 配偶者、家族、友人等	1	2	3	4

D　満足度について

	満足	満足まあ	不満やや	不満
1. 仕事に満足だ	1	2	3	4
2. 家庭生活に満足だ	1	2	3	4

▶2　ストレスチェックの実施対象となる労働者

　安衛則52条の9においてストレスチェックは「常時使用する労働者」に対し実施することが求められています。そして，通達は，ストレスチェックを行うべき「常時使用する労働者」について，次の解釈を示しています。

> 【通達】事業者がストレスチェックを行うべき「常時使用する労働者」とは，次の①及び②のいずれの要件をも満たす者であること。
> ① 期間の定めのない労働契約により使用される者（期間の定めのある労働契約により使用される者であって，当該契約の契約期間が1年以上である者並びに契約更新により1年以上使用されることが予定されている者及び1年以上引き続き使用されている者を含む。）であること。
> ② その者の1週間の労働時間数が当該事業場において同種の業務に従事する通常の労働者の1週間の所定労働時間数の4分の3以上であること。

　上記，①②の2つの要件に該当する者が対象となり，期間の定めのある労働者についても1年以上引き続き使用されている者等で，かつ1週間の所定労働時間数が4分の3以上であれば実施対象者となります。
　したがって，契約社員やパート社員についても，この要件に該当する場合には，実施対象者となりますので，要件に該当するかどうかを確認して実施対象者を適切に選定する必要があります。

▶3　実施しなかった場合のペナルティ

　定期健康診断の未実施には罰則規定があります（安衛法120条1号50万円以下の罰金）。一方，改正安衛法では，ストレスチェック制度の未実施それ自体についての罰則規定は定められていませんが，実施しない場合に，是正指導の対象となり得ます。また，安衛法100条3項による報告等を求められ，これに応じないとか虚偽報告をした場合には，労働安全衛生法100条及び同120条による罰則（50万以下の罰金）の適用の可能性があります。

> （報告等）
> 【安衛法】第100条
> 3　労働基準監督官は，この法律を施行するため必要があると認めるときは，事業者又は労働者に対し，必要な事項を報告させ，又は出頭を命ずることができる。
> 第120条　次の各号のいずれかに該当する者は，50万円以下の罰金に処する。
> 5　第100条第1項又は第3項の規定による報告をせず，若しくは虚偽の報告をし，又は出頭しなかつた者

▶4　派遣社員や出向者に対するストレスチェック

　派遣社員については，以下の指針があり，雇い主である派遣元事業主がストレスチェックを実施する義務があります。派遣先事業者においても，集団分析に活用するということであれば，実施することが望ましいです。但し，直接雇用の労働者と同様に，受検を義務づけることはできません。

> 【指針】
> ・派遣元事業者と派遣先事業者の役割
> 派遣労働者に対するストレスチェック及び面接指導については，法第66条の10第１項から第６項までの規定に基づき，派遣元事業者がこれらを実施することとされている。一方，努力義務となっている集団ごとの集計・分析については，職場単位で実施することが重要であることから，派遣先事業者においては，派遣先事業場における派遣労働者も含めた一定規模の集団ごとにストレスチェック結果を集計・分析するとともに，その結果に基づく措置を実施することが望ましい。

　次に出向者についてですが，ストレスチェックの実施は，労働契約関係にある事業者がこれを実施することになります。そこで，在籍出向の場合には，出向元と出向先の両方との間に労働契約関係が存在するため，いずれにおいて実施するのかについて，厚生労働省のＱ＆Ａ（Q0-8）においては，労働関係の実態，即ち，指揮命令権，賃金の支払い等総合的に勘案して判断することとされています。なお，集団分析については，出向先事業者で出向者を含めて実施することが望ましいとしています。
　この点について，筆者の私見では，ストレスチェックは，実際の労働環境や，業務遂行とその負荷，職場の人間関係等の状況を踏まえて行われるべきものと考えますので，現に就業している出向先において実施することがより実態に即したストレスチェック結果になるのではないかと考えます。

第3章　ステップ②（ストレスチェックの実施）

▶5　実施者とその役割

　ストレスチェックの実施者については，安衛則で具体的に示されており，指針でその役割が示されています。

① 実施者になれる者とその役割

> 【安衛則】第52条の10　法第66条の10第１項の厚生労働省令で定める者は，次に掲げる者とする。
> 一　医師
> 二　保健師
> 三　検査を行うために必要な知識についての研修であって厚生労働大臣が定めるものを修了した看護師又は精神保健福祉士
> ※施行日の前日（平成27年11月30日）において，３年以上労働者の健康管理等の業務に従事した経験を有する看護師又は精神保健福祉士は，厚生労働大臣が定める研修を受けなくても実施者となれる（附則）

> 【指針】実施者は，ストレスチェックの実施に当たって，当該事業場におけるストレスチェックの調査票の選定並びに当該調査票に基づくストレスの程度の評価方法及び高ストレス者の選定基準の決定について事業者に対して専門的な見地から意見を述べるとともに，ストレスチェックの結果に基づき，当該労働者が医師による面接指導を受ける必要があるか否かを確認しなければならないものとする。

　省令において，実施者としては，医師のほかにも保健師や要件を満たす看護師，又は精神保健福祉士がなれるものとされています。
　そして，指針において，実施者の役割として，事業者に対して専門的見地から意見を述べること，医師による面接指導を受ける必要があるか

否かを確認しなければならない，と義務的なものとして規定されています。

これは実施者の義務となりますので，実施者はこの点に留意して実施に取り組むことが求められます。

この実施者については，専属産業医や保健師等がいる事業者であれば，専属産業医や保健師等が実施者になることが考えられますが，いわゆる嘱託産業医だけしかいない事業者の場合に，当該嘱託産業医にストレスチェックの実施を依頼し，了解してもらえるかは当該嘱託産業医によるかと思います。嘱託産業医によってはストレスチェックの実施についてまでの責任を負うことはできないとして消極的姿勢となることもあり得ます。

そこで，嘱託産業医による実施が困難な場合には，ストレスチェックの実施を外部業者に委託することが考えられます。

もっとも，ストレスチェックの実施を外部業者に委託する場合にも，できれば産業医等の産業保健スタッフがいる場合には，共同実施者となって，個人のストレスチェックの結果を把握するなど，外部機関と事業場内産業保健スタッフが密接に連携することが適切であろうと考えます。

事業場の産業医等が共同実施者でない場合には，個人のストレスチェックの結果は労働者の個別の同意がなければ把握することができず，企業の実情に即した適切な対応を行うことが難しくなる可能性があると思われます。

▶6　労働者が他の医師によるストレスチェックを希望した場合

定期健康診断では，労働者が，事業者の指定した医師によることを希望しない場合は，他の医師による健康診断を受けて，その結果を事業者に提出することが認められています（安衛法66条5項）。

しかし，ストレスチェックについてはこのような条文の定めはありませんので，労働者はこのような対応はできず，事業者が指定した実施者

以外で受けることはできないと解されます。この点は，Q＆A（Q3－5）でも同様の見解が示されています。

▶7　実施の事務に従事できる者と従事できない者

　安衛則及び通達では人事権の有無によって，実施事務に従事できるかどうかが区別されています。
　ストレスチェックの実施の事務に従事できない者については，次のとおり示されています。

> 【安衛則】第52条の10（略）
> 2　検査を受ける労働者について解雇，昇進又は異動に関して直接の権限を持つ監督的地位にある者は，検査の実施の事務に従事してはならない。

> 【通達】「解雇，昇進又は異動に関して直接の権限を持つ」とは，当該労働者の人事を決定する権限を持つこと又は人事について一定の判断を行う権限を持つことをいい，人事を担当する部署に所属する者であっても，こうした権限を持たない場合は，該当しないものであること。

　安衛則において，実施の事務に従事できない者として，「解雇，昇進又は異動に関して直接の権限を持つ監督的地位にある者」が挙げられています。これを踏まえると，人事権の有無により実施の事務への従事の可否は次のように整理できます。

人事権のある社長やその他役員・人事部長など	⇨	ストレスチェックの「実施の事務」に従事不可
人事権のない人事課の職員・その他部署の職員	⇨	ストレスチェックの「実施の事務」に従事可能

また，通達では，人事権を有する者が従事できない業務と従事できる業務について，健康情報を取り扱うかどうかで区別されており，次の通り整理されています。

≪人事に関して直接の権限を持つ監督的地位にある者が<u>従事できない</u>ストレスチェックの「実施の事務」≫

【通達】労働者の健康情報を取扱う事務をいい，例えば，以下の事務が含まれること。
① 労働者が記入した調査票の回収，内容の確認，データ入力，評価点数の算出等のストレスチェック結果を出力するまでの労働者の健康情報を取扱う事務。
② ストレスチェック結果の封入等のストレスチェック結果を出力した後の労働者に結果を通知するまでの労働者の健康情報を取扱う事務。
③ ストレスチェック結果の労働者への通知の事務。
④ 面接指導を受ける必要があると実施者が認めた者に対する面接指導の申出勧奨。
⑤ ストレスチェック結果の集団ごとの集計に係る労働者の健康情報を取扱う事務。

≪人事に関して直接の権限を持つ監督的地位にある者が<u>従事できる</u>「その他の事務」≫

【通達】労働者の健康情報を取扱わない事務をいい，例えば，以下の事務が含まれること。
① 事業場におけるストレスチェックの実施計画の策定。
② ストレスチェックの実施日時や実施場所等に関する実施者との連絡調整。
③ ストレスチェックの実施を外部機関に委託する場合の外部機関との契約等に関する連絡調整。
④ ストレスチェックの実施計画や実施日時等に関する労働者への通知。
⑤ 調査票の配布。
⑥ ストレスチェックを受けていない労働者に対する受検の勧奨

第3章 ステップ②(ストレスチェックの実施)

　以上の通達からすると,事業者は,「実施の事務」に従事する者と,「その他の事務」に従事する者を区別した人員体制とすることが求められます。
　事業者にとっては,改正安衛法の施行後の初の実施に際して,通達を踏まえた人員体制の構築が求められている点で,負担は相当増すものと思われます。

▶8　実施事務従事者の留意事項

　ストレスチェックの実施事務従事者の留意事項について,指針では次のとおり定められています。

> 【指針】事業者が,労働者の解雇,昇進又は異動の人事を担当する職員(当該労働者の解雇,昇進又は異動に直接の権限を持つ監督的地位にある者を除く。)をストレスチェックの実施の事務に従事させる場合には,次に掲げる事項を当該職員に周知させなければならないものとする。
> ① ストレスチェックの実施事務従事者には法第104条の規定に基づき秘密の保持義務が課されること。
> ② ストレスチェックの実施の事務は実施者の指示により行うものであり,実施の事務に関与していない所属部署の上司等の指示を受けてストレスチェックの実施の事務に従事することによって知り得た労働者の秘密を漏らしたりしてはならないこと。
> ③ ストレスチェックの実施の事務に従事したことによって知り得た労働者の秘密を,自らの所属部署の業務等のうちストレスチェックの実施の事務とは関係しない業務に利用してはならないこと。

　この指針は,人事担当の社員をストレスチェックの実施事務に従事させる場合に,当該社員に対する周知義務を定めるものです。産業保健スタッフの体制が十分でない事業場において,人事担当の社員が実施事務

に携わることが想定されることから、その社員に情報管理の重要性を認識させるためのものと思われます。

そして、その内容の１点目は、実施事務従事者には、安衛法104条の守秘義務が課されます。その違反については、安衛法119条１号の罰則（６月以下の懲役または50万円以下の罰金）の定めがあります。

２点目は、ストレスチェックの実施事務は実施者の指示で行うものであり、実施の事務に関与していない所属部署の上司等の指示によって、秘密を漏らしてはいけないとするものです。

３点目は、ストレスチェックの実施事務に従事して知り得た秘密を、実施事務と関係しない業務に利用してはいけないということです。

昨今の情報漏えい事件等を背景に、情報管理への関心は高いと思われますので、従事者には十分注意喚起すべき事項といえます。

この周知の方法については、マニュアルでも示されていませんが、次のような周知のための文書を実施事務従事者に交付することが考えられます。

ストレスチェック実施事務従事にかかる秘密保持について

人事部人事課　安全衛生担当
□　□　□　□　殿

〇〇〇〇株式会社

　ストレスチェックの実施事務に人事担当者が携わる場合には、厚生労働省の指針において、次の点を周知することが求められていますので、本書の交付により周知します。
　以下の①～③について十分に留意して実施事務に従事願います。

①ストレスチェックの実施事務従事者には労働安全衛生法第104条の規定に基づき秘密の保持義務が課されています。
②ストレスチェックの実施の事務は実施者の指示により行うものであり、実施の事務に関与していない所属部署の上司等の指示を受けてストレスチェックの実施の事務に従事することによって知り得た社

第3章　ステップ②（ストレスチェックの実施）

> 員の秘密を漏らすことは禁止されています。
> ③ストレスチェックの実施の事務に従事したことによって知り得た社員の秘密を，自らの所属部署の業務等のうちストレスチェックの実施の事務とは関係しない業務に利用することは禁止されています。

▶9　ストレスチェック結果の通知

　ストレスチェック結果の通知に関する安衛則，通達及び指針は次のとおりです。

> 【安衛則】第52条の12　事業者は，検査を受けた労働者に対し，当該検査を行った医師等から，遅滞なく，当該検査の結果が通知されるようにしなければならない。

> 【通達】ストレスチェックを受けた労働者に通知すべきストレスチェック結果は次の①から③までを含むものでなければならないこと。なお，①には，第52条の9第1項第1号から第3号までに規定する3つの項目ごとの点数を含まなければならないこと。
> ① 個人ごとのストレスの特徴や傾向を数値，図表等で示したもの
> ② 個人ごとのストレスの程度を示したものであって，高ストレスに該当するかどうかを示した結果
> ③ 面接指導の要否
> 「遅滞なく」とは，ストレスチェック結果が出力された後，速やかにという趣旨であること。

> 【指針】事業者は，ストレスチェック結果のほか，次に掲げる事項を通知させることが望ましい。
> ① 労働者によるセルフケアに関する助言・指導
> ② 面接指導の対象者にあっては，事業者への面接指導の申出窓口及び申出方法
> ③ 面接指導の申出窓口以外のストレスチェック結果について相談で

きる窓口に関する情報提供

　ストレスチェック結果については，事業者が，医師等の実施者から遅滞なく，労働者に通知されるようにしなければならないとされており，これは事業者の義務的事項といえます。そして，通達では，その結果に含まれていなければならない事項として①～③を上げています。他方で，指針は，「望ましい」とする①～③の項目を挙げており，義務的事項ではありません。

　これらの安衛則，通達，指針を踏まえた本人に通知するストレスチェック結果のイメージについて，厚生労働省の資料においては次の通り示されています。

本人に通知するストレスチェック結果のイメージ

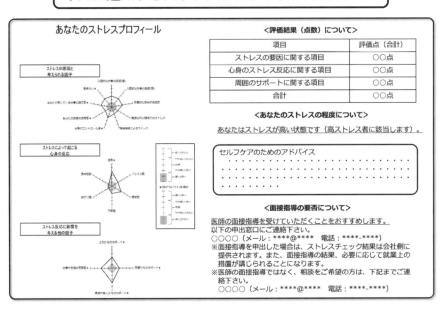

▶10 ストレスチェック結果の事業者への提供に関する同意取得

　改正安衛法66条の10第2項では，ストレスチェックの実施者は，あらかじめ労働者の同意を得ないで，当該労働者の検査の結果を事業者に提供してはならないとされています。この点についての安衛則と指針は次のとおりです。

> 【安衛則】第52条の13　法第66条の10第2項後段の規定による労働者の同意の取得は，書面又は電磁的記録によらなければならない。

> 【指針】・事業者は，ストレスチェックの実施前又は実施時に労働者の同意を取得してはならない（本人にストレスチェック結果を通知した後に同意を取得しなければならない）
> ・労働者が，事業者に対して面接指導の申出を行った場合には，その申出をもってストレスチェック結果の事業者への提供に同意がなされたものとみなして差し支えない

　実施者が，事業者に対して，ストレスチェック結果を提供する場合，労働者の同意を得ることが法的要件とされています（改正安衛法66条の10第2項後段）。

　省令では，この同意の取得について，明確に記録されるように書面又は電磁的記録によることが求められています。これは口頭での同意の場合には，後に，言った，言わないでトラブルになることもあるため，そのような事態を防止する趣旨であろうと思われます。

　労働者から同意を取得するタイミングについては，次の通り整理できます。

×	実施前(実施前にメールで確認等)
×	実施時(調査票に同意の有無のチェック欄を設ける)
○	結果を個々人に通知後に同意を得る
×	同意しない旨の申し出がない限り,同意したとみなす方法

 同意を求める書面としては,次のような書面をストレスチェック結果とともに同封して同意する場合に返送を求めることが考えられます。

ストレスチェック結果提供に関する同意書
　　　　　　　　　　　　　　平成　　年　　月　　日
実施者　○○○○　殿
　私は労働安全衛生法に定めるストレスチェック結果を,事業者に提供することについて同意します。なお,ストレスチェック結果とは,私に通知されたストレスチェック結果と同じ情報のことです。
　　　　　　　　　　所属
　　　　　　　　　　氏名　△△△△　印

 では,医師等の実施者は,積極的に労働者の同意を得て,結果を事業者に提供するべきなのでしょうか。

 この点,使用者には労働者に対する安全配慮義務,その一環としての増悪防止義務があります。これら義務の観点から,事業者が一定の配慮を要するような高ストレス状態の労働者については,実施者が労働者の同意を得て事業者に結果を提供することが望ましいと考えます。但し,実施者が同意を得るべき法的義務があるわけではありませんので,同意を得るように努めなかったことをもって実施者が責任を負うものではないと考えられます。

▶11 実施者による面接申出の勧奨の是非

ストレスチェック結果通知後の対応について，安衛則及び指針は次のとおり定めています。

> 【安衛則】第52条の16
> 3 検査を行った医師等は，前条の要件に該当する労働者に対して，申出を行うよう勧奨することができる。

> 【指針】ストレスチェックの結果，高ストレス者として選定され，面接指導を受ける必要があると実施者が認めた労働者のうち，面接指導の申出を行わない労働者に対しては，実施者が，申出の勧奨を行うことが望ましい。

 安衛則は，「前条」（安衛則52条の15）の要件，すなわち，検査の結果，高ストレス状態であって，面接指導を受ける必要があると実施者が認めた労働者に対して，実施者が面接指導の申出を行うよう勧奨することができるとしています。
 そして，指針では，高ストレス状態で実施者が面接指導を受ける必要があると認めた労働者のうち，実際に面接指導の申し出をしない労働者に対して，医師等の実施者が，面接指導の申し出を行うように勧奨することが望ましいとしています。
 もっとも，これらは実施者の法的義務となっているものではありません。
 では，医師等の実施者が高ストレス状態を認識しながら，面接指導の申出の勧奨をしなかったために健康を害したとして，実施者が，労働者から，責任追及されるリスクはあるでしょうか。
 安衛則及び指針はあくまで「勧奨することができる」「望ましい」とするものであり，実施者が勧奨の法的義務を負うものではないため，勧奨をしなったという不作為それ自体によって直ちに法的責任が発生する

ものではないと考えられます。

　もっとも，明らかに疾患になることが予見できるような高ストレス状態であれば，信義則上勧奨すべき義務があったとして，その義務違反として不法行為となる可能性もゼロといえませんが，この段階では，実施者もストレスチェック結果しか把握していない状態であり，そのような状態において疾患になることを予見することは通常は困難であると思われます。

▶12　ストレスチェック結果の記録・保存

　ストレスチェック結果は本人のプライバシーに関連するものでもありますので，その記録・保存についても安衛則と指針に次のルールが定められています。

> 【安衛則】第52条の13
> ２　事業者は，前項の規定により検査を受けた労働者の同意を得て，当該検査を行った医師等から当該労働者の検査の結果の提供を受けた場合には，当該検査の結果に基づき，当該検査の結果の記録を作成して，これを５年間保存しなければならない。

> 【安衛則】第52条の11　事業者は，第52条の13第２項に規定する場合を除き，検査を行った医師等による当該検査の結果の記録の作成の事務及び当該検査の実施に従事した者による当該記録の保存の事務が適切に行われるよう，必要な措置を講じなければならない。

> 【指針】
> ・労働者の同意が得られていない場合には，規則第52条の11の規定に基づき，事業者は，実施者によるストレスチェック結果の記録の作成及び当該実施者を含む実施事務従事者による当該記録の保存が適切に行われるよう，記録の保存場所の指定，保存期間の設定及びセキュリティの確保等必要な措置を講じなければならない。この場合におい

第3章　ステップ②（ストレスチェックの実施）

> て，ストレスチェック結果の記録の保存については，実施者がこれを行うことが望ましく，実施者が行うことが困難な場合には，事業者は，実施者以外の実施事務従事者の中から記録の保存事務の担当者を指名するものとする。
> ・実施者又は実施者以外の実施事務従事者が記録の保存を行うに当たっては，5年間保存することが望ましい。

これらの安衛則と指針を踏まえると，ストレスチェック結果の記録・保存については，次の通り大きく2つの分けた保管を行うべきことになります。

本人が同意し事業者に提供された結果

⇨　事業者が5年間保存する義務

本人が同意せず実施者が保有する結果

⇨　実施者※による5年間保存が望ましい。事業者には保存が適切に行われるよう必要な措置義務あり

（※実施者が困難な場合は実施事務従事者）

　同意を得た場合の同意書面ないし電磁的記録も同様に保存しておくべきでしょう。
　ストレスチェックの実施を外部機関に委託する場合に，委託先が年度によって異なる事態も生じるかと思われますが，その場合には，それぞれの外部機関が実施したストレスチェック結果を保存することとなります。なお，外部委託した場合でも事業場の産業医等が共同実施者になっていれば，その産業医等が保存することも可能となります。
　また，その産業医等の実施者のほかに実施事務従事者がいれば，その

者が保存することも可能となります。このため，実施事務従事者（事業場内の衛生管理者など）に保存させることとして，各事業場において毎年の結果の記録を保存することも可能です。

実施者又はその他の実施事務従事者によって結果保存をする場合には，次の3パターンが考えられます。

・外部機関に委託する場合	⇨	外部機関のキャビネット，サーバ内等に保存
・嘱託産業医が保存者となる場合	⇨	嘱託産業医の診療所等のキャビネット，サーバ内等に保管又は事業場内のキャビネット，サーバ内等に保存し，嘱託産業医が鍵，パスワード等を管理する。
・専属産業医等の事業場内の実施者又は指名された実施事務従事者が保存者となる場合	⇨	事業場内のキャビネット，サーバ内等に保管し，実施者又は実施事務従事者が鍵，パスワード等を管理

なお，安衛則，指針においてはストレスチェック結果の記録保存について規定されており，ストレスチェックに用いた調査票原票の保存は義務とされていません。

▶13 産業医が実施者になる場合の実務

産業医が実施者になる場合，ストレスチェックの実施に当たって産業医が実施の事務をどこまで行わなければならないのかは気になるところです。

この点，指針では，「調査票の回収集計若しくは入力又は受検者との

第3章　ステップ②（ストレスチェックの実施）

連絡調整等の実施の事務については，必ずしも実施者が直接行う必要はなく，実施事務従事者に行わせることができる。事業者は，実施の事務が円滑に行われよう，実施事務従事者の選任等必要な措置を講じるものとする。」とされています。また，指針では，実施事務従事者について，「実施者の指示により，ストレスチェックの実施の事務（個人の調査票のデータ入力，結果の出力又は記録の保存（事業者に指名された場合に限る）等を含む）に携わる者をいう。」と定義されています。

　このように，指針においても，実施者であるからといって，ストレスチェック実施に関する全ての手続きを行わなければならないものではなく，実施事務従事者に指示をすることで，相応な範囲内の事務的事項を行わせることができます。

第4章 ステップ③（面接指導の実施）

▶1　面接指導対象者の要件

　改正安衛法66条の10第3項では，ストレスチェックの結果，省令（安衛則）で定める要件に該当する労働者から申し出があった場合には，事業者は，医師による面接指導を行わなければならないとされています。これは法的義務となります。
　この点に関連する安衛則と指針は次の通りです。

> 【安衛則】第52条の15　法第66条の10第3項の厚生労働省令で定める要件は，検査の結果，<u>心理的な負担の程度が高い者であって，同項に規定する面接指導を受ける必要があると当該検査を行った医師等が認めたものであることとする。</u>

> 【指針】事業者は，労働者から面接指導の申出があったときは，当該労働者が面接指導の対象となる者かどうかを確認するため，当該労働者からストレスチェック結果を提出させる方法のほか，実施者に当該労働者の要件への該当の有無を確認する方法によることができるものとする。

　安衛則では，面接指導の申し出を行うことができる労働者は，単に高ストレス状態にあるだけではなく，検査を行った医師等の実施者が面接指導の必要性があると認めたことが要件とされています。
　そして，指針では，労働者から面接指導の申し出があったときは，面

接指導の対象者かどうかを確認するため，ストレスチェック結果を提出させたり，実施者に対して要件への該当の有無を確認することができるとされています。

　この安衛則を踏まえると，労働者からの面接指導の申出の流れは次の通りになります。

ストレスチェック受検によるストレスの程度の評価
⇩
実施者が評価結果を踏まえ面接指導の要否を検討
⇩
本人に評価結果とともに面接指導の要否を通知
⇩
面接指導の申出

▶2　医師等の実施者による面接指導の要否判断

　ここで，医師等の実施者が，面接指導の要否を検討するにあたり，点数結果からは高ストレス状態に該当するものの，面接指導の必要性がないという判断ができるかは悩ましい問題です。医師等の実施者は，通常ストレスチェックを受検した労働者の具体的な勤務状況等まではわかりませんので，実務上はストレスチェック結果である点数が高ストレスを示しているにもかかわらず，面接指導の必要性がないという判断をすることには消極的にならざるを得ないと思われます。

　また，高ストレス状態の点数であるにもかかわらず，面接指導の必要性がないと判断した結果，適切な面接指導や就業上の措置を受けることができず，ストレス低減せずに精神疾患が発症するという事態になる可

能性もあることから，基本的には，ストレスチェック点数が高ストレス状態を示していれば，面接指導が必要という判断をせざるを得ないと思われます。

▶3　面接指導の実施時期

面接指導申し出があった場合の面接指導の実施時期については次の安衛則と通達があります。

> 【安衛則】第52条の16　法第66条の10第3項の規定による申出は，前条の要件に該当する労働者が検査の結果の通知を受けた後，遅滞なく行うものとする。
> 2　事業者は，前条の要件に該当する労働者から申出があったときは，遅滞なく，面接指導を行わなければならない。

> 【通達】・面接指導を受けることを希望する旨の申出は，書面や電子メール等で行い，事業者は，その記録を残すようにすること。
> ・第1項（面接指導の申出）の「遅滞なく」とは，概ね1月以内をいうこと。
> ・第2項（面接指導の実施）の「遅滞なく」とは，申出後，概ね1月以内をいうこと。

面接指導の実施時期については，労働者が「遅滞なく」申出るものとされ，具体的には概ね1月以内とされました。そして，事業者は，その申出から「遅滞なく」面接指導を実施する義務を負い，具体的には概ね1月以内に実施する義務を負います。

このように通達では，「遅滞なく」の行政解釈が示されていますが，労働者が結果通知から数か月も経過した状態で，面接指導を申し出た場合，事業者は応じなければならないのでしょうか。

改正安衛法66条の10は，労働者からの申し出があったときは「厚生労働省令で定めるところにより，医師による面接指導を行わなければな

らない。」と規定し，安衛則では，申出について「遅滞なく」という要件が規定されています。

そのため，通達の「概ね１月」を過ぎて２〜３か月ほども経過して申し出があった場合には，「遅滞なく」に該当しないこととなりますので，面接指導の実施義務がなくなるとの解釈もあり得ます。

もっとも，１か月を大幅に過ぎたことについて合理的理由があるような場合は，未だ「遅滞なく」に該当すると解されることもあるでしょうし，事業者としてはできるだけ対応することが無難といえます。

実務的には，ストレスチェック結果を通知する際に，面接指導を要する高ストレス者については，面接指導申出の期限を明記して，期限を区切ることが適切であると考えます。

産業保健の現場では，ストレスチェック以外にも，定期健康診断，休職者対応，衛生委員会等の様々な業務がありますので，期限を区切ったスケジュール計画とすることが適切であると考えます。

▶4 面接指導における確認事項

面接指導における確認事項について，安衛則と指針は次のとおり定めています。

> 【安衛則】第52条の17 医師は，面接指導を行うに当たっては，申出を行った労働者に対し，第52条の9各号に掲げる事項のほか，次に掲げる事項について確認を行うものとする。
> 一 当該労働者の勤務の状況
> 二 当該労働者の心理的な負担の状況
> 三 前号に掲げるもののほか，当該労働者の心身の状況

> 【指針】事業者は，当該労働者の勤務の状況及び職場環境等を勘案した適切な面接指導が行われるよう，あらかじめ，面接指導を実施する医師に対して当該労働者に関する労働時間，労働密度，深夜業の回数及び時間数，作業態様並びに作業負荷の状況等の勤務の状況並びに職

> 場環境等に関する情報を提供するものとする。

　面接指導は医師のみが行うことができ，保健師や看護師は行うことができません。

　そして，面接指導を行う際，医師は，安衛則52条の9のストレスチェックの3項目（職場における当該労働者の心理的な負担の原因に関する項目，当該労働者の心理的な負担による心身の自覚症状に関する項目，職場における他の労働者による当該労働者への支援に関する項目）の他に，上記安衛則52条の17が規定する3項目についても確認を行う必要があります。

　そして，指針では，事業者は，適切な面接指導が行われるよう，あらかじめ医師に対して，当該労働者の労働時間，労働密度，作業負荷等の勤務状況や職場環境等についての「情報を提供するものとする」とされています。

　この指針は，事業者に対して，情報提供義務を課すものといえますが，事業者としては面接指導を申し出る社員が多い場合には，個別の社員ごとにこれらの事項を整理する必要が生じる点で相当の負担が生ずるものといえます。

　そして，この情報提供に関して，事業者が医師に提供した情報と，労働者の認識に相当の乖離がある場合には，労働者から，医師に正しい情報が提供されておらず，適切な面接指導を受けることができなかったなどとしてトラブルになる可能性もありますので，できるだけ客観的な情報提供をすることが望まれます。

▶5　面接指導の結果の記録

　面接指導の結果の記録に関する法条文と安衛則，指針及び通達は次のとおりです。

第4章　ステップ③（面接指導の実施）

【改正安衛法】　第66条の10
4　事業者は，厚生労働省令で定めるところにより，前項の規定による面接指導の結果を記録しておかなければならない。

【安衛則】　第52条の18　事業者は，面接指導の結果に基づき，当該面接指導の結果の記録を作成して，これを5年間保存しなければならない。
2　前項の記録は，前条各号に掲げる事項※のほか，次に掲げる事項を記載したものでなければならない。
一　実施年月日
二　当該労働者の氏名
三　面接指導を行った医師の氏名
四　法第66条の10第5項の規定による医師の意見
※労働者の勤務の状況，労働者の心理的な負担の状況，その他の労働者の心身の状況

【指針】　規則第52条の18第2項の規定に基づき，事業者は，面接指導の結果に基づき，次に掲げる事項を記載した記録を作成し，これを5年間保存しなければならない。
① 面接指導の実施年月日
② 当該労働者の氏名
③ 面接指導を行った医師の氏名
④ 当該労働者の勤務の状況
⑤ 当該労働者の心理的な負担の状況
⑥ その他の当該労働者の心身の状況
⑦ 当該労働者の健康を保持するために必要な措置についての医師の意見

【通達】
・面接指導結果のうち，労働者の心理的な負担の状況やその他の心身の状況は，診断名，検査値，具体的な愁訴の内容等の生データや詳細な医学的な情報を記載すべき趣旨ではないこと。
・面接指導結果の記録は，第52条の17各号及び第52条の18第２項各号の事項が記載されたものであれば，面接指導を実施した医師からの報告をそのまま保存することで足りること。

　以上のように，改正安衛法66の10第４項では，事業者には面接指導の結果の記録義務が課されています。そして，安衛則52条の18では，５年間の保存義務が規定されています。
　但し，この面接指導の結果について，通達では，労働者の心理的な負担の状況やその他の心身の状況は，診断名，検査値，具体的な愁訴の内容等の生データや詳細な医学的な情報を記載すべき趣旨ではないとされています。
　マニュアルにおいては，任意の様式で良いとされつつ，「面接指導結果報告書及び事後措置に係る意見書（例）」が例示されていますが，同例では，「ストレスと業務の関連性」の項目という判断が難しい項目が含まれており，実際に面接指導を行う医師にも負担を課すものであろうと思われます。
　面接指導結果の書式は，指針を踏まえた最低限の項目をカバーすれば足りるはずですが，私見として指針をカバーするサンプルを，６で医師の意見と合わせて示します。

▶6　面接指導後の事業者による医師の意見聴取と医師の意見

　改正安衛法66条の10第５項では，事業者に，面接指導の結果に基づき，当該労働者の健康を保持するために必要な措置について，厚生労働省令（安衛則）の定めるところにより，医師の意見を聴かなければならないとされています。これは事業者の法的義務となります。

この点について，安衛則，通達，指針は次の通りです。

> 【安衛則】第52条の19 面接指導の結果に基づく法第66条の10第5項の規定による医師からの意見聴取は，面接指導が行われた後，遅滞なく行わなければならない。

> 【通達】意見聴取は，面接指導が行われた後，遅滞なく行われる必要があるが，遅くとも面接指導を実施してから概ね1月以内に行うこと。なお，労働者の心理的な負担の程度等の健康状態から緊急に就業上の措置を講ずべき必要がある場合には，可能な限り速やかに行われる必要があること。

事業者には，医師による面接指導後，概ね1か月以内の意見聴取の実施が求められています。

そうすると，面接指導の申出，面接指導の実施，面接指導の結果に基づく医師の意見聴取がそれぞれ各1か月内に行うものとされていることから，これらを踏まえた年間スケジュールの設計が求められます（スケジュール案は第6章2で示します。）。

そして，指針では，就業上の措置の必要性の有無と講ずべき措置に関する意見について，次の①②の通り整理されています。

【指針】
①下表に基づく就業区分及びその内容に関する医師の判断

就業区分		就業上の措置の内容
区分	内容	
通常勤務	通常の勤務でよいもの	
就業制限	勤務に制限を加える必要のあるもの	メンタルヘルス不調を未然に防止するため，労働時間の短縮，出張の制限，時間外労働の制限，労働負荷の制限，作業の転換，就業場所の変更，深夜業の回数の減少又は昼間勤務への転換等の措置を講じる。
要休業	勤務を休む必要のあるもの	療養等のため，休暇又は休職等により一定期間勤務させない措置を講じる。

②必要に応じ，職場環境の改善に関する意見

以上の指針を踏まえて，面接指導結果報告書と事後措置に関する意見に関して，指針を充足する私見によるサンプルは以下の通りです。

　事業者は，面接指導をした医師と面談して，面接指導結果報告書と事後措置に関する意見書の交付を受けるなどして，意見聴取することが適切であると考えます。

面接指導結果報告書　兼　事後措置に係る意見書（例）

面接指導結果報告書				
社員氏名 （社員コード）	（　　　　　）	所属 部 課	性別 男・女	年齢 歳
ストレス反応の程度	点数　　　点			
勤務の状況（業務上のストレス状況）		過去半年間の長時間労働（残業）の有無	0　なし 1　あり （月平均　　時間程度）	
治療中の心身の疾病等	0　なし 1　あり （　　　　　）	その他ストレス要因となる勤務状況		
心理的な負担の状況・心身の状況	0　所見なし 1　所見あり （　　　　　）	特記事項		
就業区分に関する意見		0　通常勤務　1　就業制限　2　要休業		
事後措置に係る意見				
就業上の措置内容	主要措置項目	a 時間外・休日労働の制限，b 出張の制限，c 労働負荷の制限，d 作業の転換，e 就業場所の変更，f 深夜業の回数の減少又は昼間勤務への転換，g その他		
	その他の内容			
	具体的措置に関する補足意見			
	措置期間	日・週・月の間（次回面接　　月　　日）		
職場環境の改善に関する意見（必要に応じ）				

　　　　　　　　　　面接指導実施年月日　　平成〇〇年〇月〇日
　　　　　　　　　　医師氏名　　　　　甲　野　太　郎　印

第4章　ステップ③（面接指導の実施）

　　ここで，面接指導を実施する医師としてどのような就業上の措置に関する意見を出すことが望ましいかという点は，個別具体的ケースにおける判断となってきますが，医師としては，事業場の実情を無視した実施困難な意見を出すことは，本人と事業者間に軋轢を生じさせかねません。事前に事業者の業態や事業内容，職場環境等も把握しておき，事業者側が現実的に配慮することができるかどうかという点も考慮要素にされるべきと考えられます。

▶7　就業上の措置の実施

（1）就業上の措置は，医師の意見をふまえて，事業者が実施することになりますが，法律条文は次の通りです。

【改正安衛法】66条の10
6　事業者は，前項の規定による医師の意見を勘案し，その必要があると認めるときは，当該労働者の実情を考慮して，就業場所の変更，作業の転換，労働時間の短縮，深夜業の回数の減少等の措置を講ずるほか，当該医師の意見の衛生委員会若しくは安全衛生委員会又は労働時間等設定改善委員会への報告その他の適切な措置を講じなければならない。

　　この条文では，あくまで，事業者が，医師の意見を勘案し，その必要があると認めるときは，労働者の実情を考慮して，措置を講じるとされています。
　　もっとも，この措置について，指針は次の通りとしています。

【指針】・法第66条の10第6項の規定に基づき，事業者が労働者に対して面接指導の結果に基づく就業上の措置を決定する場合には，あらかじめ当該労働者の意見を聴き，十分な話し合いを通じてその労働者の了解が得られるよう努めるとともに，労働者に対する不利益な取扱いにつながらないように留意しなければならないものとする。なお，

> 労働者の意見を聴くに当たっては，必要に応じて，当該事業場の産業医等の同席の下に行うことが適当である。

　このように指針では，就業上の措置を決定する場合に，労働者の意見を聴くこと，話し合いを通じて労働者の了解が得られるように努め，不利益な取扱いに繋がらないように留意しなければならないとされています。
　これは努力義務的なものとなりますが，法律条文の事業者の判断に歯止めをかけているものといえます。
　高ストレス状態というメンタルに関連するもののため，指針の趣旨としては理解できますが，他方で，労働者の自己主張が強い場合に会社としては対応に苦慮しないか懸念されます。

（2）では，事後措置についてですが，所定労働時間を短縮したり，本人の希望する職務に転換しなければならないのでしょうか。
　結論的には，改正安衛法66条の10第6項の就業上の措置は，労働契約における労働者の債務の本旨に従った労務提供（当該労働契約で本来的に予定された仕事をすること）の範囲内で講ずべきものであると考えられ，所定労働時間の短縮をしたり，本人が希望する職務に転換しなければならないというものではないと考えます。
　就業上の措置としての労働時間の短縮について，厚生労働省のＱ＆Ａ（Q14－1）でも，趣旨としては時間外労働や休日労働の削減を意味するとされています。このことからしても，医師の意見における「就業制限」との区分における措置は，この範囲内のものであると解されます。
　この点について，理論面の説明をしておきますと，仮に業務外のメンタルヘルス不調によって精神疾患となり，通常勤務ができない場合には，通常は就業規則にしたがって長期欠勤，私傷病休職というプロセスをたどることになります。
　ではストレスチェック制度によって高ストレス状態で就業上の配慮を行う場合に，どこまで求められ，事業者は，それを受け入れるべきことになるのでしょうか。
　この点，労働契約において就労可能かどうかは，労働契約における労

働者の義務である労務提供をすることができるかどうかが判断の分かれ目となります。

そして，この労務提供は，労働契約の債務の本旨に従ったもの（労働契約において予定された労務が提供できること）でなければなりませんが，この債務の本旨に従った労務提供については，片山組事件判決（最高裁平成10年4月9日判決・労働判例736号15頁）が参考となります。同事件は，建築工事現場で21年以上にわたり現場監督業務に従事してきた社員が，バセドウ病のため現場作業に従事できないと申し出たところ，会社が当該社員に自宅治療命令を発し，復帰までの約4か月間を欠勤扱いとして，賃金を支給しなかったケースですが，最高裁は，労働契約における労務提供について，

「労働者が職種や業務内容を特定せずに労働契約を締結した場合においては，現に就業を命じられた特定の業務について労務の提供が十全にはできないとしても，その能力，経験，地位，当該企業の規模，業種，当該企業における労働者の配置・異動の実情及び難易等に照らして当該労働者が配置される現実的可能性があると認められる他の業務について労務の提供をすることができ，かつ，その提供を申し出ているならば，なお債務の本旨に従った履行の提供があると解するのが相当である。」と判示して高裁判決を破棄差戻し，差戻審では現場監督業務ではなく工務管理部の事務作業に従事させることは可能とされました。

企業における正社員は，職種や業務内容の特定がないことが多いと思われますが，片山組事件を踏まえますと，現に就業を命じられている業務以外であっても，配置できる現実的可能性がある他の業務があり，かつ就労意思を示している場合には，それをもって，債務の本旨に従った労務提供があるものとされます。もっとも，その具体的判断は本人の状況や企業規模・業務内容等を踏まえてケースバイケースで行うことになります。

この債務の本旨に従った労務提供ができるかどうかが，就労可能かどうかの法的分岐点となりますが，ストレスチェック制度における改正安衛法66条の10第6項の措置は，あくまで就労可能な状態における債務の本旨に従った労務提供の範囲内において講ずる措置であると考えられます。

なぜなら，ストレスチェック制度の趣旨は，メンタルヘルス不調の未然防止ということであり，本来であれば欠勤や私傷病休職に至るような労働契約における債務の本旨に従っていない労務提供の受領義務までを課す，いわば労働契約において本来使用者に労務受領義務のない措置義務を課して労働契約の内容を変容するものとまではいえないからです。

（3）改正安衛法66条の10第6項では，事業者に，医師の意見を勘案した措置の必要性に関する判断権があることとされています。
　ところが，指針では，事業者の決定に際して，あらかじめ労働者自身の意見を聴き，十分な話合いを通じて，その労働者の了解を得られるよう努めることが求められています。
　改正安衛法66条の10第6項の文言上は，事業者が，医師の意見を勘案して決定できるはずですが，指針では，当該労働者の意見を踏まえて，了解が得られるように努めることが求められており，事業者の判断権に歯止めをかけようとしていることがうかがえます。
　しかし，現実的には，労働者が希望する措置に応じることが困難なケースもあると思われます。そのような場合には，事業者が，十分な話合いのもとに了解を得られるように努めたのであれば，最終的には事業者の判断によって措置決定することは，やむを得ないものであり，違法とはいえないと考えます。

第5章 ステップ④（集団ごとの集計・分析 努力義務）

▶1 集団ごとの集計・分析

　集団ごとの集計と分析は，改正安衛法の法律そのものに定めはありませんが，改正安衛法が可決される際の国会の附帯決議において，実施すべきとされたものです。そして，安衛則において"努力義務"として規定されました。しかし，あくまで努力義務であって法的な義務ではありませんので，実施しなくとも法的には問題ありません。
　この点に関する安衛則，通達及び指針は次のとおりです。

> 【安衛則】第52条の14　事業者は，検査を行った場合は，当該検査を行った医師等に，当該検査の結果を当該事業場の当該部署に所属する労働者の集団その他の一定規模の集団ごとに集計させ，その結果について分析させるよう努めなければならない。
> 2　事業者は，前項の分析の結果を勘案し，その必要があると認めるときは，当該集団の労働者の実情を考慮して，当該集団の労働者の心理的な負担を軽減するための適切な措置を講ずるよう努めなければならない。

> 【通達】「一定規模の集団」とは，職場環境を共有し，かつ業務内容について一定のまとまりをもった部，課などの集団であり，具体的に集計・分析を行う集団の単位は，事業者が当該事業場の実態に応じて判

断するものとすること。

> 【指針】集団ごとの集計・分析の結果を事業者に提供するに当たっては，当該集団の労働者個人の同意を取得する必要はない。ただし，集計・分析の単位が少人数である場合には，当該集団の個々の労働者が特定され，当該労働者個人のストレスチェック結果を把握することが可能となるおそれがあることから，集計・分析の単位が10人を下回る場合には，集計・分析の対象となる全ての労働者の同意を取得しない限り，事業者に集計・分析の結果を提供してはならないものとする。ただし，個々の労働者が特定されるおそれのない方法で集計・分析を実施した場合はこの限りでない。

　事業者は，ストレスチェックの結果については，個々の労働者本人の同意を得なければ把握することができません。極端に言えば，労働者が誰一人として同意しなければ，事業者は，ストレスチェックの結果がどのようになっているかは全く把握できないこととなります。

　他方，集団ごとの分析結果の把握については労働者の同意を要しません。

　そこで，実務的に，ストレスチェックを有効に活用するとすれば，この集団によるストレス把握を通じて，特定の集団のストレス状況を把握して，ストレス状態の原因を把握するきっかけになることもありますし，その解消に役立てることが期待できます。

　今回の改正安衛法により創設されたストレスチェックを実施する以上，できるだけ有効活用することが望まれますが，この集団ごとの集計と分析は，既に任意にストレスチェックを導入している企業で，一定の成果を上げていることがマニュアルでも紹介されています。

　なお，指針によると，集計分析の単位が10人を下回る場合には，集計分析について全ての労働者の同意取得を得ることが求められますが，同意を得ることが困難な場合には，直近上位の企業組織に組み込んで10人以上の単位として集計・分析する対応を取ることが考えられます。

　また，指針でいう「個々の労働者が特定されるおそれのない方法」の例として，マニュアルでは，職業性ストレス簡易調査票の57項目の全

ての合計点について，集団の平均値を求めることが挙げられています。
集団分析のフローは次のとおりです。

> 実施者によるストレスチェック結果の職場ごとの集団分析

⇩

> 実施者が集団的分析結果を事業者に提供

⇩

> 事業者が職場環境改善のために活用

▶2　集団ごとのストレス状態の把握と使用者の安全配慮義務への影響

　使用者が，個々の労働者について，高ストレス状態であることを認識した場合には，悪化を防止する必要が生じ得る意味で，安全配慮義務の範囲を拡大する側面があるものと考えられます。
　一方，集団ごとのストレス状況を把握しただけでは，個別の労働者の健康状態についてまでの予見可能性が生じることは通常なく，個別の労働者について安全配慮義務を拡大するものとまではいえないと考えられます。
　従って，継続的に当該集団におけるストレス状態が高いことを使用者が認識していたものの，個別の労働者について認識するに至っていない状態において，ある労働者が健康を害する状態になった場合に，使用者に安全配慮義務違反があるかどうかについては，通常は当該労働者という個人に生ずる健康悪化についてまでの予見可能性が認められず原則的には否定されるものと考えられます。
　しかし，集団の高ストレス状態の原因として，明らかな長時間労働やハラスメント等の原因の存在が判明した場合には，通常はどの労働者に長時間労働やハラスメントの問題があるかを使用者が認識することとな

るため,そのような具体的原因を認識した場合には,個別の労働者について,その具体的原因による予見可能性が生じますので,安全配慮義務違反を問われる可能性はあると思われます。

第6章 ステップ⑤（全体の評価）

▶1　全体評価と産業医の関わり

　全体評価については，フローで示されていますが，その具体的内容は，安衛則，通達，指針でも特に示されておらず，また，法的義務でも努力義務でもありません。

　しかし，ステップ①からステップ④を通じたストレスチェックの実施状況，面接指導の申出及び実施状況，就業上の措置の内容，集団分析結果を踏まえた改善状況について，これを全体的に評価する機会を設けることが有用であると考えます。

　全体評価により，問題点を洗い出して，次年度の実施に向けて改善することで，より効果的なストレスチェック制度の実施が期待できるものと思われます。

　全体評価の実施については，指針にもマニュアルにも記載されていませんが，ストレスチェック実施に関する規程を衛生委員会等で調査審議することから，衛生委員会等で実施することが望ましいと考えます。

　上記第2章6で述べたとおり，通達では，産業医が，衛生委員会等に出席して医学的見地から意見を述べるなど，何らかの形でストレスチェック及び面接指導の実施等に関与すべきことを定めたものであるとされています。そして，産業医は，ストレスチェックについて，必ずしも実施者にならなくても問題ありませんが，ストレスチェックの実施については，第7章1で後述する労働基準監督署への報告書に産業医が記名捺印することが求められています。そこで，産業医は実施者になっておらずとも，衛生委員会等において，ストレスチェック結果を踏まえた全体

評価に際しては，次年度の実施に向けた改善事項等について，積極的に意見を出すなどの役割が期待されます。

▶2　全体スケジュール案

ストレスチェックは，平成27年12月1日から1年以内（平成28年11月30日まで）の実施が求められ，この実施には，結果通知や面接指導の実施までは含まれないと解されます（Q&A　Q0-1）。

そこで，例えばですが，面接指導申出期限の概ね1か月，面接指導実施の概ね1か月，意見聴取の概ね1か月などの時間的間隔を考慮すると，以下のようなスケジュールを組むことが考えられます。

この例で，実施時期を平成28年9月としているのは，日本企業では毎年4月に新規学卒者が入社することが通常であることから，入社直後に実施したとしても適切な効果が得られにくいと思われることから，入社後半年程度が経過する時期の実施が適切であろうと考えたものです。もちろん前倒しで実施する分にも，後ろ倒しでも平成28年11月末までに実施するのであれば問題ありません。

≪全体スケジュール案≫

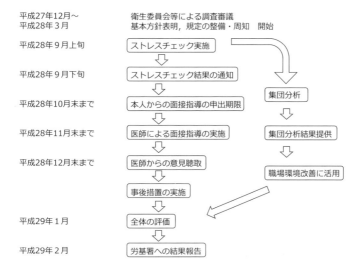

第7章 労働基準監督署への報告, 不利益取り扱い禁止, プライバシー保護

▶1 労働基準監督署への報告義務

　ストレスチェックの実施義務を負う事業者は，1年に1回，定期にストレスチェックの検査結果等報告書を労働基準監督署に提出する義務があります。これに関する安衛則と通達は次のとおりです。

> 【安衛則】　第52条の21　常時50人以上の労働者を使用する事業者は，1年以内ごとに1回，定期に，心理的な負担の程度を把握するための検査結果等報告書（様式第6号の2）を所轄労働基準監督署長に提出しなければならない。

> 【通達】　心理的な負担の程度を把握するための検査結果等報告書の提出時期は，各事業場における事業年度の終了後など，事業場ごとに設定して差し支えないこと。

　この報告義務は，安衛法100条1項によるものと解され，その違反には罰則規定（安衛法120条5号　50万円以下の罰金）がありますので要注意です（Q&A　Q19-3）。
　報告の様式は次のとおりです。

様式第6号の2(第52条の21関係)(表面)

心理的な負担の程度を把握するための検査結果等報告書

8 0 5 0 1	労働保険番号	府県 所掌 管轄 基幹番号 枝番号 統一事業場番号	
対象年	7:平成 → 元号 年 年分	検査実施年月	7:平成 → 元号 年 月
事業の種類		事業場の名称	
事業場の所在地	〒(郵便番号( )) 電話 ( )		

検査を実施した者	□	1:事業場選任の産業医 2:事業場所属の医師(1以外の医師に限る。)、保健師、看護師又は精神保健福祉士 3:外部委託先の医師、保健師、看護師又は精神保健福祉士	在籍労働者数 □□□□□ 人 検査を受けた労働者数 □□□□□ 人
面接指導を実施した医師	□	1:事業場選任の産業医 2:事業場所属の医師(1以外の医師に限る。) 3:外部委託先の医師	面接指導を受けた労働者数 □□□□□ 人
集団ごとの分析の実施の有無	□	1:検査結果の集団ごとの分析を行った 2:検査結果の集団ごとの分析を行っていない	

折り曲げる場合は、(◀)の所を谷に折り曲げること

産業医	氏 名 ㊞
	所属医療機関の名称及び所在地

　　　年　月　日
　　　　　　　事業者職氏名
　　　　労働基準監督署長殿　　　　㊞　　　　受付印

▶2　不利益取扱いの禁止

　ストレスチェック制度の実施に関し，改正安衛法では次の不利益取扱いの禁止条項が定められています。

> 【安衛法】第66条の10第3項
> 事業者は，前項の規定による通知を受けた労働者であって，心理的な負担の程度が労働者の健康の保持を考慮して厚生労働省令で定める要件に該当するものが医師による面接指導を受けることを希望する旨を申し出たときは，当該申出をした労働者に対し，厚生労働省令で定めるところにより，医師による面接指導を行わなければならない。<u>この場合において，事業者は，労働者が当該申出をしたことを理由として，当該労働者に対し，不利益な取扱いをしてはならない。</u>

　このように法律条文における不利益取扱いの禁止は，労働者が，面接指導の申出をしたことを理由とするものとされていますが，指針では次のとおり，これを拡大する内容が示されています。

> 【指針】　法の規定により禁止されている不利益な取扱い
> 法第66条の10第3項の規定に基づき，事業者は，労働者が面接指導の申出をしたことを理由とした不利益な取扱いをしてはならず，また，労働者が面接指導を受けていない時点においてストレスチェック結果のみで就業上の措置の要否及び内容を判断することはできないことから，事業者は，当然に，ストレスチェック結果のみを理由とした不利益な取扱いについても，これを行ってはならない。

> 【指針】　禁止されるべき不利益な取扱い
> 次に掲げる事業者による不利益な取扱いについては，一般的に合理的なものとはいえないため，事業者はこれらを行ってはならないものとする。なお，不利益な取扱いの理由がそれぞれに掲げる理由以外のも

のであったとしても，実質的にこれらに該当するとみなされる場合には，当該不利益な取扱いについても，行ってはならないものとする。
ア　労働者が受検しないこと等を理由とした不利益な取扱い
① ストレスチェックを受けない労働者に対して，これを理由とした不利益な取扱いを行うこと。例えば，就業規則においてストレスチェックの受検を義務付け，受検しない労働者に対して懲戒処分を行うことは，労働者に受検を義務付けていない法の趣旨に照らして行ってはならないこと。
② ストレスチェック結果を事業者に提供することに同意しない労働者に対して，これを理由とした不利益な取扱いを行うこと。
③ 面接指導の要件を満たしているにもかかわらず，面接指導の申出を行わない労働者に対して，これを理由とした不利益な取扱いを行うこと。
イ　面接指導結果を理由とした不利益な取扱い
① 措置の実施に当たり，医師による面接指導を行うこと又は面接指導結果に基づく必要な措置について医師の意見を聴取すること等の法令上求められる手順に従わず，不利益な取扱いを行うこと。
② 面接指導結果に基づく措置の実施に当たり，医師の意見とはその内容・程度が著しく異なる等医師の意見を勘案し必要と認められる範囲内となっていないもの又は労働者の実情が考慮されていないもの等の法令上求められる要件を満たさない内容の不利益な取扱いを行うこと。
③ 面接指導の結果を理由として，次に掲げる措置を行うこと。
（a）解雇すること。
（b）期間を定めて雇用される者について契約の更新をしないこと。
（c）退職勧奨を行うこと。
（d）不当な動機・目的をもってなされたと判断されるような配置転換又は職位（役職）の変更を命じること。
（e）その他の労働契約法等の労働関係法令に違反する措置を講じること。

▶3　不利益取扱いの効果

　不利益取扱いの禁止については，改正安衛法66条の10第3項において「不利益な取扱いをしてはならない。」と規定されており，この法の文言からすると，強行法規的なものと解され，その違反の効果は無効になると解されます。
　ただし，同条項が禁止している内容は，面接指導の申出をしたことを理由とする不利益取扱いです。指針で示されているストレスチェックを受検しないことや結果提供に同意しないことを理由とする不利益取扱いがあった場合にまで，同条項が適用されるかというと，法の文言自体からは直ちにそうはいえないものと思われます。
　そもそも，ストレスチェックに伴って使用者が不利益扱いをするということは，通常は考え難いですが，例えば，面接指導申し出があり，事業者が面接指導の結果を踏まえた就業上の措置を講じようとする際に，労働者の希望と事業者の意向が異なるような場合に，事業者が労働者の希望を聴取し同意を得るよう努めたものの理解を得られず，結果として，事業者が適切と考える措置を実施した場合に，労働者が，当該措置を含め不利益な取扱いと主張するなどして問題が顕在化することが考えられます。

▶4　プライバシー保護

　ストレスチェックの実施者及び実施事務従事者には，法104条による秘密保持義務が課されており，違反には罰則規定（安衛法119条1号　6月以下の懲役又は50万円以下の罰金）が定められています。また，次のとおり指針において情報共有の範囲について歯止めをかけています。

> 【指針】
> ストレスチェック制度において，実施者が労働者のストレスの状況を正確に把握し，メンタルヘルス不調の防止及び職場環境の改善につなげるためには，事業場において，ストレスチェック制度に関する労働者の健康情報の保護が適切に行われることが極めて重要であり，事業者がストレスチェック制度に関する労働者の秘密を不正に入手するようなことがあってはならない。
> （事業者に提供するストレスチェック結果の範囲）
> 事業者へのストレスチェック結果の提供について労働者の同意が得られた場合には，実施者は，事業者に対して当該労働者に通知する情報と同じ範囲内の情報についてストレスチェック結果を提供することができるものとする。
> （ストレスチェック結果等の共有範囲）
> 事業者は，本人の同意により事業者に提供されたストレスチェック結果を，当該労働者の健康確保のための就業上の措置に必要な範囲を超えて，当該労働者の上司又は同僚等に共有してはならないものとする。集団ごとの集計・分析の結果は，集計・分析の対象となった集団の管理者等にとっては，その当該事業場内における評価等につながり得る情報であり，無制限にこれを共有した場合，当該管理者等に不利益が生じるおそれもあることから，事業者は，当該結果を事業場内で制限なく共有してはならないものとする。

　指針では，労働者の同意があった場合の事業者に提供するストレスチェック結果の内容については労働者と同じ内容としていますが，事後措置のためには，必要な範囲を超えて，上司又は同僚等に共有してはならないとされていますので，どの範囲まで上司や同僚に共有するかは都度確認する必要があります。

ability
第2部　応用編

第8章〜第14章　　執筆：鈴木安名

▶ 前書き

　ストレスチェック制度の研修に出たり，解説本を読んだりした人事担当者は，「正直にいえば，わが社では無理なのでは？」と感じた方も少なくないと思います。それは人事部門が多忙すぎることもありますが，聡明な読者なら，ピンと来ますよね。
　「法令や指針のいっていることは理解できるし，こういう制度が実施できるなら良い。でも，わが社の産業医の出勤回数は2～3か月に一度だよ…」
　事実，ストレスチェック制度（以下，本制度と略します）は1000人以上の従業員が働くような大規模な事業場を規準（模範）に立案された施策です。法律や指針はともかく，厚生労働省（以下，厚労省）の「労働安全衛生法に基づくストレスチェック制度実施マニュアル」（以下，実施マニュアルと略します）を分析してみると，常勤（法的には専属）の産業医が最低1名はいて，常勤の保健師・看護師が数名ほど所属する健康管理部門がないと，十分成り立たない印象です。事実，実施マニュアルの著者は我が国が誇る世界的な製鉄メーカーに所属する指導的な立場の産業医。著者だけでなく専属産業医の友人たちも「嘱託産業医の事業場で実施できるのか？」と懸念しています。
　本書をお読みの読者の多くは，産業医は非常勤（法的には嘱託）で，1か月の出勤回数が，せいぜい1日，3～5時間の執務（日本医師会の調査による）という事業場にお勤めのはずです。わが国の圧倒的多数の事業場が，読者の所属されているような＜嘱託産業医の事業場＞です。著名な一部上場企業の重要な拠点事業場でも，社員が200～300人程度なら，専属産業医を選任する法的義務（1000人以上）はないので，産業医の出勤回数はせいぜい週1回，下手をすると月1～2回でしょう。「これでは，本制度は稼働しないのではないか？」とお感じになるのは当然です。
　でも安心してください，厚労省の指針やQ＆Aをじっくり読みますと，うまくやる方法があります。産業医の出勤回数が2か月に1回・2時間

でも本制度は何とか回せるのです。

　本書の構成は図1-1「全体の流れと可能な委託」に示したように，制度の流れに即しつつ，外部機関の選定方法や嘱託産業医にどうやって本制度に参加してもらうかを述べていきます。

　要するに本書は嘱託産業医の事業場で，人事担当者が本制度を立ち上げる手順やポイントについて書きました。もちろん人事総務担当者だけでなく，産業医や保健師・看護師にもご満足いただける内容と確信しています。

・図1-1　「全体の流れと可能な委託」

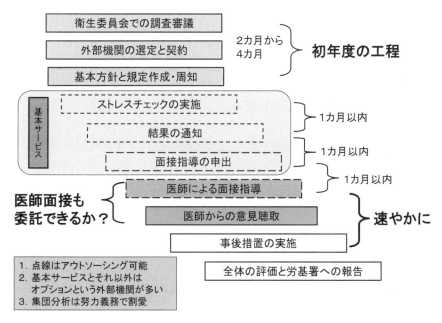

第8章 ストレスチェック制度の目的

▶1．本制度の目的を考える

―何のため？ 誰のため？

　厚労省の指針が言う目的はメンタルヘルス不調の未然防止です。ではストレス対策全体の目的は何でしょうか？

　まずは，皆さんのお仕事を振り返ってみましょう。
　人事担当者は，色々な社内制度を立ち上げなければなりません。最近は，マイナンバー制度のような国の施策を具体化する仕事が増えていますね。まるで国の下請け機関みたいです。それだけではありません。一年中，採用活動の時代になってきました。景気の改善のために人を増やすというより，少子化の時代だから後継者を採用しないと事業が存続しないのです。で，採用の企画を考えていたら，役員のお母さまが急死されたので，葬儀の企画が割り込んでくる。これでは人事総務じゃなくて庶務係だよねと思っているうちに，新入社員が行方不明になったらしい？！
　少し大きな会社では，多かれ少なかれこういうことが日常でしょう。あまり考えても仕方がないので，目の前の業務と飛び込んできた仕事を＜淡々と処理する＞しかありません。

▶2．ストレス問題の本質

－企業収益への悪影響

　しかしストレスチェック制度は大物中の大物です。マイナンバー制度よりも人事担当者に直結するものです。以下のケースを考えてみましょう。

・ケース1　総務課長 山本和也さんの思い

・ケース1　総務課長　山田和也さんの思い
『忘れてた！　明日は月一回の産業医の出勤日！』

・産業医面接の準備をしなければ・・・
・メンタルヘルス不調が3名で長時間残業者の2名が要面接社員だ。
・社員総数310人のわが社で4人も休業者がいるのか！？　そのうち一人は来週から職場復帰の予定だけど。
・あとの3人は結構長く休んでる、それぞれ半年以上も・・・・

**休業が続きそうなのは3人、これって社員の1％だ！
やっぱり多いな**

・会社や健康保険組合から休業中の賃金を出しているんだ。
・そういえば去年のメンタルヘルス・セミナーで、休業中の社員にかかる費用は、休業期間における年収換算賃金の2倍って講師が言ってた。

電卓で計算してみよう

・年収400万円×0.5年×2倍×3人ということは1200万円！！

・おいおい1200万円の利益を出すにはどれだけの売り上げが必要！？

　ここで，山本総務課長は大切なことに気づきました。ストレス問題もまた，企業活動においてはカネの問題に行きつくことを。つまり，ストレス・メンタルヘルス問題の本質は企業収益の損失といえます。

第8章　ストレスチェック制度の目的

　本制度の目的は事業経営の立場から言えば，この損失を減らすことによる利益の増大なのです。指針にも同じようなことが書いてありますね。ストレス・メンタルヘルス問題を「従業員の健康や福利厚生にかかわること」と狭く理解すると，ストレスチェック制度の重要性を見落とします。

> 【指針】
> 事業者は，ストレスチェック制度が，メンタルヘルス不調の未然防止だけでなく，従業員のストレス状況の改善及び働きやすい職場の実現を通じて生産性の向上にもつながるものであることに留意し，事業経営の一環として，積極的に本制度の活用を進めていくことが望ましい。
> （下線は筆者）
> （厚労省「心理的な負担の程度を把握するための検査及び面接指導の実施並びに面接指導結果に基づき事業者が講ずべき措置に関する指針」より）

　したがって，ストレスチェックに関わる費用は企業活動にとっては投資とみて良いでしょう。ここで本制度の目的を不調者の早期発見と考えるのは間違いとは言えませんが，制度の矮小化につながり，不調者という少数者のための施策となり，もったいないことになります。また，不調者の早期発見という風に目的を矮小化すると，本制度の運用は失敗し色々なリスクにみまわれます（第13章）。

　でも，ストレス・メンタルヘルス問題は企業収益を損なうとか，組織の生産性の阻害要因とは普通考えませんよね。事業者と読者をはじめとした人事担当者は，この問題を不調による休業や欠勤という個人問題とみなします。その結果，本制度の目的を不調者の早期発見と矮小化しがちになるので要注意です。

　確かにこの問題は売上，利益，1株利益のようにバランスシート上で数値に表すのは難しい。多くの事業所を統計的に集団分析して，ストレス・メンタルヘルス問題による企業の損失を計算する必要がありますから。でも，そんな面倒なことはしなくても，人事総務という現場の人間なら判るはずです。

・ケース2　課長を除けば10人の課の休業は？
　たとえば課長を除いた社員10名の課があって，1名が3か月休業したとします（ケース2「社員10名の課の休業」参照）。

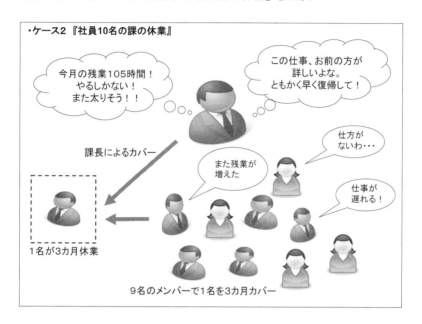

　休んでいる間の出費は，各種の手当や健保組合からの傷病給付金だけではありません。本来10人分の仕事を9人で処理するため，9人の残業時間が増えたり，本来の仕事が遅れたりするものです。あるいは休んだ社員でなければわからない業務があると，代行する人がミスすることもあるでしょう。これらのお金と時間のコストは本来の利益計画にはなかったものです。
　結局は，主に課長が休んでいる社員の仕事をフォローせざるをえません。
　管理職手当で働くから経営上の損失はないのでは？とお考えの読者は，人事担当者失格かも。
　なぜなら課長の本来業務にしわ寄せがくるからです。確かに図のように課長が105時間の残業をしても管理職手当で済みます。また，この課長のメンタルはタフですが，時間外労働が増えると食べすぎて太るタ

イプかもしれません。メタボになれば，過労死もあり得ます。コンプライアンス上もリスクが高まります。

でも，以上を金額で計算するのは難しいから推測するしかないのです。

要するにストレス・メンタルヘルス問題は３つの領域で企業収益に悪影響を及ぼします（図１－２「ストレス・メンタルヘルス問題の３領域」参照）。第１はメンタルヘルス不調による休業・欠勤（M１），第２は高ストレスによる仕事のミスの増加や能率低下（M２），第３にモラールやモチベーションの低下（M３）です。

・図１－２「ストレス・メンタルヘルス問題の３領域」

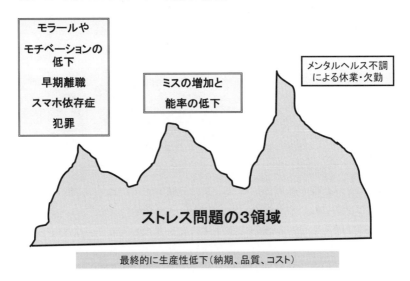

▶2.1 メンタルヘルス不調による休業・欠勤（M１）

メンタルヘルス不調は高ストレスによって生じる脳の過労ですから，治療には十分な休養が必要です。長い休業期間に，周囲の人々（ギリギリで持ちこたえている）がかぶる負担は大きく，不調の連鎖反応が起こることもあります。

また不調かどうか周囲はわからないけれど，月曜や連休後などの休み明けに，＜体調不良・かぜっぽい＞というあいまいな理由による欠勤もこれにふくまれます。

▶2.2　ミスの増加と能率低下（M2）

うつ病やうつ状態の本質は判断力や決断力の低下ですから，ミスの増加と能率の低下がしばしば起こります。

・ケース3　午前中は仕事にならない

著者が最近注目しているのは，仕事ができるベテランで，なおかつ長時間残業が慢性化している人における午前中の能率低下です（ケース3「午前中は仕事にならない」参照）。ケースに示したように，こういう人では，心理的な症状（抑うつ，不安）よりも，頭痛や肩こり，腰痛など身体的な症状が大きいことに注意しましょう。もちろん不調の予備軍である慢性の寝不足や不眠症の人では生産性の低下は激しいといえます。

・ケース3　『午前中は仕事にならない』

設計課の矢田主任は、いつも短納期の仕事に追われていて、帰宅は23時前後です。こういうのは日常ですから、余りストレスとは感じません。でも午前中は仕事にならないのです。彼の午前中の様子を見てみましょう。

　　・・・メールを読んでも頭に入ってこないよな。コーヒーでも飲むか
　　・・・うんと濃くしようぜ！
　　・・・マウスを持っても仕事は進まないからな　だけど肩は凝るし、頭も痛いな
　　・・・あ～イライラする！！

彼は止めたはずのタバコを引出しから取り出し、喫煙ルームに行きました。

『パソコンが遅い。CADのシステムも古い！』などと考えているうちに時間は過ぎていきます。背伸びをして部屋に戻り、机に向かう。煙草でイライラはとれましたが、まだボーッとしてるからまたコーヒーを飲むのです。

すると、先ほどCADの入力ミスをしていたことに気づいて修正を開始。
そんな状態で午前中が過ぎ昼休み近くに、ちっとも進捗してないことに気づくのです。
昼休みに15分ほど昼寝して、14時過ぎようやく調子が出始めて、夕方頃から仕事が捗る。

　　・・・ここからが俺の時間だ！皆が帰れば、静かになって集中力も高まるし・・・

結局、午前中の3時間はほとんど仕事になっていません。その分を夜の残業で補うから、いつまでたっても長時間残業とイライラ、コーヒーとタバコが欠かせません。それから肩こりと頭痛のために売薬の痛み止めも常備薬です。

第8章　ストレスチェック制度の目的

▶2.3　モラールやモチベーションの低下（M3）

　最近の大手企業の事業所では新人の行方不明も起こるようになりました。本人にとっては初体験のストレスで実家に帰ることもできず，友人の家などを転々とするような。
　そこまでいかなくても，新人の早期離職は日常茶飯でしょう。中には痴漢や盗撮を起こす社員もいて上司と警察に行く人事担当者も稀ではありません。歪んだストレスの解消かもしれません。

・ケース4　スマートフォン依存症と職務専念義務違反
　よくあるのは依存症で，お酒だけでなく，スマートフォン依存もあります（ケース4「スマートフォン依存症と職務専念義務違反」参照）。仕事中にもLINEやフェイスブックが頭から離れず，ついつい見てしまう。LINEを仕事に遣っている会社なら，就業中に職務に専念してるように見える，実際は私用なのに。仕事中にネット株取引や，FX（外国為替証拠金取引）もできますしネットオークションも可能です。
　さあ，読者の皆様，ストレスチェック制度をきっちり構築し，人事労務管理の効率化をめざしましょう！

・ケース4 『スマートフォン依存症と職務専念義務違反』

　A病院（600床）の外来医事課は正職員は課長、主任、スタッフ2名で、他のメンバーは全員派遣社員です。最近、各病棟の医事職員との情報共有化が必要と思った課長は非公式にLINEをつかうことにしました。なかなか便利でした。
　新入社員のスタッフBさんも熱心にLINEをつかっているので、課長は大喜びでした。
　半年後、主任のCさんから課長に苦情が入りました。
「課長、BさんはLINEを私用でも使ってますよ、いや私用の方が長いですね。大学時代の友人とのやりとりです。それに、微妙な話ですが、仕事中にネットオークションもやってますよ」

第9章 基本方針と実施規定策定

基本方針を基本型とカスタマイズ型の2種類に分け解説します。

▶1．基本型

　形式を重視し，法や指針のキーワードをもとに定型的な基本方針案を作り，トップの承諾を得ます。本書のような解説本にある雛型の字句を若干変えつつもコピーペーストするものです。

　多くの事業者は，本制度について人事労務部門に一任していると思います。人事労務担当者からみても，トップは超多忙であるし，本制度はまさに人事労務部門が管轄すべきことであり，限られた時間の中で，制度立ち上げのためには，基本方針については形式優先となっても仕方がないという考えに基づきます。キーワードとしては，セルフケア，未然防止，職場環境改善が挙げられます。

▶2．カスタマイズ型

　内容も重視し，会社の経営方針や理念とリンクさせて，自社にカスタマイズした基本方針を作成しトップの理解と承諾を得ます。ストレスチェック制度が法的義務をもつだけでなく，指針にあるように，事業者が事業経営の一環として，積極的に本制度の活用を勧めていくことが望ましいのです。

第9章 基本方針と実施規定策定

読者の皆様には，AとBのどちらがフィットしますか？

ストレスチェック制度についての基本方針

平成○○年4月1日
○○電機株式会社　社長　△△　△△

A　基本型

　ストレスチェック制度は特にメンタルヘルス不調の未然防止の段階である一次予防を強化するため，定期的に従業員のストレス状況について検査を行い，その結果を通知して自らのストレスの状況について気付きを促し，個々の従業員のストレスを低減させるものである。

　その実施細則は当社サイトの"従業員の健康管理"に掲載されているのでご覧いただきたい。

　また当社は，メンタルヘルス指針に基づき各事業場の実態に即して実施される二次予防及び三次予防も含めた事業場のメンタルヘルスケアの総合的な取組の中に本制度を位置付け，メンタルヘルスケアに関する取組方針の決定，計画の作成，計画に基づく取組の実施，取組結果の評価及び評価結果に基づく改善の一連の取組を継続的かつ計画的に進める。

　さらに当社は，ストレスチェック制度が，メンタルヘルス不調の未然防止だけでなく，従業員のストレス状況の改善及び働きやすい職場の実現を通じて生産性の向上にもつながるものであることに留意し，事業経営の一環として，積極的に本制度の活用を進めていくものとする。

B　カスタマイズ型

　ストレスチェック制度は特にメンタルヘルス不調の未然防止の段階である一次予防を強化するため，定期的に従業員のストレス状況

について検査を行い、その結果を通知して自らのストレスの状況について気付きを促し、個々の従業員のストレスを低減させるものである。

その実施細則は当社サイトの"従業員の健康管理"に掲載されているのでご覧いただきたい。

さらに当社は、メンタルヘルス指針に基づき各事業場の実態に即して実施される二次予防及び三次予防も含めた事業場のメンタルヘルスケアの総合的な取組の中に本制度を位置付け、メンタルヘルスケアに関する取組方針の決定、計画の作成、計画に基づく取組の実施、取組結果の評価及び評価結果に基づく改善の一連の取組を継続的かつ計画的に進める。

同時に本制度は、当社の経営理念の一つでもある「製品の製造と販売を通じて、社会の調和と発展を目指す」ことを担うべき全従業員の心身の健康を推進するものであると確信している。

さらに未然防止だけでなく、従業員のストレス状況の改善及び働きやすい職場の実現を通じて生産性の向上にもつながるものであることに留意し、事業経営の一環として、積極的にストレスチェック制度の活用を進めていくものとする。

前の章をお読みいただければ，おのずとはっきりするでしょう。本制度の目的地をはっきりさせるため，カスタマイズ型にしたいところです。不調者や予備軍という少数の社員のためでなく，社員全体のためにあるということ。さらに，経営理念や指針を盛り込めば，事業者の納得も得られて，予算確保にも役立つでしょう。

▶3．規定の作成

次章（10章）の実施者と外部機関の選定（案）がないと，衛生委員会で審議できません。194頁以下に規定案を載せたのでご参照ください。

第10章 実施者の選定と外部機関への委託

―産業医に実施者になってもらうには

　厚生労働省版ストレスチェック実施プログラムが2015年11月24日にアップロードされたため，社内実施の会社が増えることも予想されます。本制度の課題は何といっても実施体制（事業者は実施者になれない）と産業医や外部機関との連携の問題です。

　東京経営者協会が2015年9月に実施した調査結果（回答者数204名）では，まさにこの問題で人事担当者が悩んでいることを物語っています。

　実施休制すなわち誰が実施者かという設問に，産業医が実施者あるいは共同実施者が54.4％に対し，産業医は実施者ではないが20.6％，その他・無記入が25％もいました（図3－1「ストレスチェック制度の実施体制の問題」参照）。また本制度実施の課題（複数回答可）として事業者があげたのは，産業医・外部機関との連携や実施体制，面接後のフォローなど産業医についての問題です（図3－2「産業医についての課題」参照）。

▶1．嘱託産業医の事業場における産業医の課題

　実は，著者のお客様の90％は人事担当者なので，セミナー等のグループ討論などで産業医に対する受講者の生の声が聴けます。専属産業医の事業場のお客様は，産業医の位置づけやスキルへの評価がはっきりしていて，様々な問題がありながらも安全衛生活動の上で産業医が役割を

・図3-1 「ストレスチェック制度の実施体制の問題」(東京経営者協会調査より)

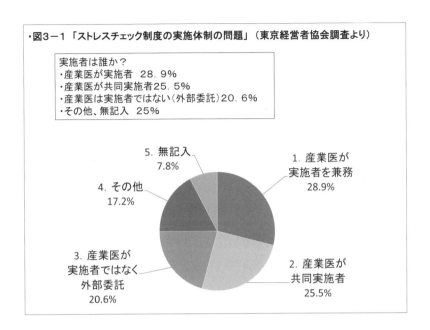

・図3-2 「産業医についての課題」(東京経営者協会調査より)

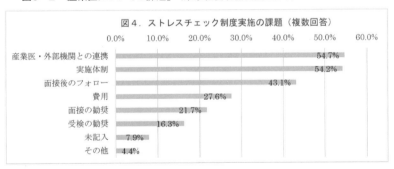

上位3つの課題は明らかに産業医関連

↓

事業者-産業医関係の改善が不可欠

果たしていることが判ります。ところが，嘱託産業医の事業場では，時に「出勤が1年に2回」，「産業医の顔は入社以来見たことがない」というエピソードもあります。月1回の出勤は恵まれた事業場ともいえます。
　さらに，嘱託産業医契約の契約書すらないという事業場も少なくないことから，産業医が機能していない事業場が一定数存在することが，わが国の産業医制度の弱点です。
　ある意味で，脆弱な産業医制度に改革・改善の要求を突き付けたのが，まさにストレスチェック制度といえましょう。

　　注）本書の対象は人事担当者ですから，産業医の読者には耳の痛い話もあります。

▶2．嘱託産業医の傾向と対策

　ともあれ，産業医が実施者になるのが原則ですから，そのために必要な条件を述べていきます。まずは産業医業務の実態把握です。
　嘱託産業医の事業場の担当者は大変です。保健師・看護師がいなければ，ケース1の山本課長のように，仕事のおぜん立てや手伝いをしなければなりません。で，思い切って本制度について相談すれば，少なくない産業医が口にするのは「パソコンとか統計は苦手だし，面接の勧奨とかよくわからないので実施者はムリ」「僕は，メンタルは専門外だから，実施者になるのは勘弁して」というものでしょう。中には「正直，この年になると自分のクリニックの診療で精一杯だから，本当に申し訳ないけれど，これを機会に会社の産業医を辞めることも考えているんです」などと言われることもあり，まさにやぶ蛇です。
　これらはまだマシな方で，出勤回数が年1～2回の事業場では，本制度について産業医に相談できるチャンスすらないでしょう。
　読者の事業所はどうでしょうか？
　さっそく，図3-3「産業医との密接度チェックリスト」で産業医との密接度をチェックしましょう！

・図3-3「産業医との密接度チェックリスト」

```
         人事担当者の産業医との密接度チェックリスト

  □  年に一度は社外で会食している （1点）
  □  出勤日に30分は会話をしている （1点）
  □  産業医の職場に電話して相談をした経験がある （2点）
  □  産業医の勤務場所で相談をしたことがある （2点）
  □  携帯番号を知っている（緊急事態があれば連絡可） （3点）
  □  以上をやっているのは人事部門の管理職 （2点加算）


  産業医に実施者を依頼するには3点以上、面接指導をしてもらうには5点以上あ
  ればOK！　産業医恐れるに足らず、人間関係を作ろう！
```

　結果はどうでしたか？　3点未満でも大丈夫です。そのために本書があるのですから。

▶3．嘱託産業医の事業場における3要素

　嘱託産業医が実施者になるのを嫌う理由を前述の発言をもとにまとめたのが図3-4「産業医が実施者になるのを嫌う理由」です。いずれも実施者の役割を理解して拒絶しているのです。それは産業医の怠慢ではなく，マジメさからくるものです。

　産業医のような医師が実施者になると，企画立案から面接指導など本制度のすべてに携わる義務があるように見えます（次頁図3-5「医師である実施者の役割」参照）。実施マニュアルを読んだだけでも，いえ，手にするだけでも170頁程のボリュームにぞっとするはず。

注）実をいえば実施マニュアルを最も活用しているのは事業者や産業医ではなく，外部機関や本制度の解説書の執筆やセミナーで日銭を稼ぐ著者らのような専門家です。でも法や指針はそんな野暮なものではなくて，

第10章　実施者の選定と外部機関への委託

・図3－4「産業医が実施者になるのを嫌う理由」

> 産業医が実施者になるのを嫌う理由
>
> A　実施者の役割は外部委託できることを知らない。
> B　面接指導も外部委託可能なことを知らない。
> C　最悪、色々な問題はあっても実施と面接の両者を外部委託できることを知らない。
> D　出社頻度が著しく少ないか、産業医として機能していない

> 対策
> 名目上の共同実施者（後述）という美味いポジションがあることを知らせればD以外は何とかなる。

・図3－5「医師である実施者の役割」

1. 制度の企画立案
2. 高ストレス者の選定
3. 実施
4. 結果の評価　個人と集団
5. 要面接者の選定
6. 面接の勧奨
7. 面接と就業上の措置

ムリ！専門外！難易度高過ぎ！逃げたいっす！

産業医は実施者になれるが、医師以外でも実施者になれる。

嘱託産業医の事業場には

＜外部委託＞＋＜共同実施者＞

という仕組みを提示しています（図3－6「嘱託産業医の事業場における3要素」参照）。

問題は法や指針のわかりにくさです。さっと読むと，事業場の産業医が実施者になって図3－5のような役割を果たさなければならないように解釈しがち（要するに法的義務）。でも，よく読むと，医師ではなくても実施者になれるし，産業医が実施者になっても面接指導の法的義務はないことが理解できます（図3－7「実施者の義務・役割」）。

・図3－6「嘱託産業医の事業場における3要素」

1. 人事担当者の管理職が制度担当者になり本制度を統括
2. 共同実施者は嘱託産業医もしくは常勤の保健師・看護師
3. 外部機関への委託が内部実施より現実的

さらに，きちんとした外部機関には実施者がいて，実施者サービスもあります。
もちろん面接指導は医師だけが可能ですが，外部機関の医師に委託できることがポイントです。

・図3－7 「実施者の義務・役割」

医師以外の実施者	医師の実施者
以下を衛生委員会などで意見表明 調査票の選定 ストレスの程度の評価方法 高ストレス者の選定基準 面接指導対象者の選定基準	同左 きちんとした外部機関には左記の実施者サービスがある。
面接指導とその結果の事業者への意見表明 →不可、医師に限られる	面接指導は医師のみだが、逆に**面接指導は産業医の法的義務ではない。外部機関の医師に委託できる！**

産業医が面接指導をしなくても実施者（共同実施者）になれば、
外部機関との情報共有の面で決定的に有利

▶4．嘱託産業医の負担感を減らす「共同実施者」

では共同実施者とは何でしょうか？

> 【指針】
> 　事業場の産業医及び外部機関の医師が共同でストレスチェックを実施する場合等、実施者が複数名いる場合の実施者を「共同実施者」という。実施者が複数いる場合は、共同実施者及び実施代表者を明示すること。この場合において，当該事情上の産業医等が実施者に含まれるときは，当該産業医等を実施代表者とすることが<u>望ましい</u>。
> （下線は筆者）

　実施代表者という用語は，その責任を重く感じさせるもので，産業医が毎日出勤するような専属産業医の事業場にふさわしいものです。でも，

「当該事業場の産業医等が実施者に含まれるときは,当該産業医等を実施代表者とすることが望ましい」のであって,嘱託産業医が実施代表者となる法的義務はありません。

　もとより,職務の名称(形式)とその業務内容とは,運用の結果,切り離されていくものです。実際に本制度が運用されれば,事業場の嘱託産業医が実施代表者でも,外部機関の医師などの共同実施者が業務のほとんどを実施しているようになるでしょう。つまり実質的には外部機関の共同実施者が実施代表者,事業場の嘱託産業医は共同実施者という立場の逆転が起こるはずです。でも大事なことは,本制度が適切に運用されることですから形式はあまり問題ではない。

　でも医師というものは他の職業と同様に肩書を気にするものです。「自分は医師なので実施代表者になるべきだが,2か月に一度の出勤ではムリだ」となるより,「共同実施者ならできそうだ」と人事担当者なら仕切りたいものです。

　また,外部機関の様々なサービスの活用(図3-8「外部機関のサービスの種類」)で事業者と産業医の双方の負担が大幅に減ります。

・図3-8「外部機関のサービスの種類」

```
1. 実施者サービス
2. 基本方針や規定の作成支援
3. 衛生委員会での解説
4. 実施・検査そのもの
5. 面接指導と就業上の措置サービス
6. 職場環境改善サービス
7. コンサルタント業務
```

これらのサービスで事業者と産業医の負担がへる
サービスの機能・仕様を知ることが外部機関との連携上重要

第10章　実施者の選定と外部機関への委託

5．産業医の活動度チェックと対処法

▶5.1　産業医の活動度チェック

まずは図3－9「産業医の活動度チェック」を見てください。

・図3－9「産業医の活動度チェック」

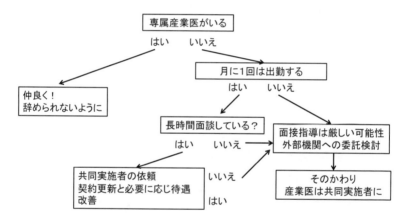

注）産業医の出勤が月1回未満でも長時間面談をしていたり、長期間にわたり2カ月に1度のように定期的に出勤し、職場巡視などしている場合は面接指導の実施もOKかもしれない。

　専属産業医がいる場合，何の問題もありません。産業医が実施者になり医師面接指導もしてくれますから。問題は嘱託産業医の事業場です。

▶5.2　出勤は月1回以上で長時間面談も行う

　月1回の出勤なら，本制度の実施に何の問題もありません。さらに長

時間残業の面接をしていれば，社員からの情報で事業場の状況を把握しているので，本制度の医師面接指導も実行可能です。ただし，産業医の出勤が月1回の場合，面接指導の申出が多いと，1回の出勤で面接が終了しない場合もあります。＜面接指導は遅滞なく＞と指針にありますので臨時の追加出勤のような対策が必要です。

▶5.3　出勤は月1回未満　または1回以上でも長時間面談の経験なし

たとえば出勤が2か月に1回となれば面接指導は本制度上むずかしいので，面接指導を外部機関に委託することが必要でしょう。ただし，産業医に意欲があれば，ストレスチェックの期間だけ出勤頻度を増すという契約更新を行えば対応可能です。一方，出勤は1回以上なのに長時間面談の経験がない産業医＊は事業場の状況把握（後述）が不十分なので，面接指導が適切にされない場合もあり注意が必要です。
（＊健康診断の事後措置を書類上だけで行うことや，職場巡視だけの場合）

▶5.4　ともかく共同実施者になってもらう

ただし，月1回未満の嘱託産業医でも，実施者サービスのある外部機関に委託し，共同実施者になってもらうのがポイントです。なぜなら指針には次のように外部機関との情報共有に条件をつけているからです。

【指針】
　事業者が外部機関にストレスチェックの実施の全部を委託する場合（当該事業場の産業医等が共同実施者とならない場合に限る。）には、当該外部機関の実施者及びその他の実施事務従事者以外の者は、当該労働者の同意なく、ストレスチェック結果を把握してはならない。なお、当該外部機関の実施者が、ストレスチェック結果を委託元の事業

> 者の事業場の産業医等に限定して提供することも考えられるが、この場合にも、緊急に対応を要する場合等特別の事情がない限り、当該労働者の同意を取得しなければならないものとする。

極端にいえば、年間２回しか出勤しない労働安全衛生法に抵触しかねない状況でも、共同実施者になってもらう価値はあります。

▶5.5 産業医との協議方法

まずは本書を読んでもらいましょう。面接指導の経験が乏しい産業医には、８章から12章までで良いでしょう。読者が強調すべきことは、共同実施者は形式上で十分ということです。もし面接指導に応じてもらえそうな場合は、13章以降も読んでもらいましょう。また、事業場に常勤の保健師・看護師がいる場合、協議に参加してもらうのは当然です。

（1）実施者の役割が面倒という産業医

医師の面接指導は何とかこなせそうだけど、前述した「パソコンとか統計は苦手だし面接の勧奨とかよくわからないので実施者はムリ」というタイプ。

「面接指導はともかく、制度の企画立案や全体の管理は嫌だな、そもそも時間的にムリ！」という人も少なくありません。真面目な産業医ほど実施マニュアルを読んで「制度担当者って何？ 事業者って誰？ そんな地位名の人が社内にいるの？」「高ストレス者の選定が何たらって、医者の仕事ではないじゃん！ ああ、面倒くさい。」などなど感じるものです。

ましてドクターは医学のプロフェッショナルですが、法律に詳しい人は少ない。法的義務、努力義務、望ましいこと、参考意見などの差が判らないから、実施マニュアルの通りにするのが産業医の義務と勘違いするわけです。

だから、人事担当者が「先生が面接指導に専念できる環境にします。

共同実施者なら，企画立案や全体の管理などの事務的仕事はありません。ご安心ください。」といえばOKです。

　「<u>外部機関の実施者サービス</u>をつかえば，産業医（実は人事担当者も含めた私たち）の負担は大幅に減るのです。先生には形の上で共同実施者になっていただければ十分です。」といえば良いでしょう。

（２）面接指導は精神科医がするのがベスト？

　メンタルは専門外ということを口実に面接指導を拒否する嘱託産業医もいます。ここでも，「面接指導は外部委託でOKなので，共同実施者になって下さい」という説得になります。

　ところで「面接指導の医師は精神科医がすべき」という考えは嘱託産業医だけでなく，一部の人事担当者も持つ，一見もっともな発想です。確かに本制度のポイントは医師による面接指導と就業上の措置です。しかし，＜面接指導は精神科医が行うことが望ましい＞などとは指針のどこにも書いてありません。

　指針には，＜ストレスチェック又は面接指導は，事業場の状況を日頃から把握している当該事業場の産業医等が実施することが望ましい＞とさりげなく書かれています。この文章が極めて重要です。流石は厚労省です！

　事業場の状況とはいったい何を意味するのでしょう？
　「医者くらい頭がよければ，そんな当たり前のことは皆，判るだろう？」と思うのは勘違い。

　事業場の状況とは事業内容，仕事の部門（工程）の種類や内容と部署名，管理職の地位と職名，繁忙期（閑散期）の有無，繁忙期における標準的な残業時間，仕事に求められる品質，原価（工数），納期などなど，さまざまなことです。

　こう書けば，読者も納得されるはずです。メンタルヘルス対応で苦労している人事担当者なら，痛感しているコト。決して口には出さないけれど，『こんな就業上の措置はズレてる。産業医はもっと職場の実態を知ってほしい！！』と。

第10章 実施者の選定と外部機関への委託

　図3-10「産業医と機能」をご覧ください。本制度が想定する専属産業医を基準に考えると，業務実態や管理のあり方など事業場を把握している度合いは次のようになります。

専属産業医＞嘱託産業医＞外部機関の産業医

・図3-10「産業医と機能」

	事業場の把握	内部実施	評価	選定	勧奨	医師面接	措置
専属産業医	◎	◎	◎	◎	◎	◎	◎
嘱託産業医	出勤頻度による	×	△	△	△	専門外？	専門外？
外部機関の産業医	乏しい		◎	◎	◎	オプション、数に限り	◎

◎： お任せできる
△： 嘱託産業医の力量次第だが外部機関に委託すべき
灰色部分： 人事総務（制度担当者）がカバーすべき
問題は斜線部分の制約があること

　実は産業医が本制度を含めたあらゆる面接指導を行うための最重要のスキルは，<u>精神科の知識や技術ではなくて，事業場の状況を把握する能力</u>です。

注）産業医の面接指導の能力をあえて数式化すると
　＜医学的能力＞　X　＜事業場の状況把握能力＞となります。

　メンタルヘルスの悪化している事業場で必要なのは精神科医とは限ら

ず，事業場の状況を十分把握して人事担当者や管理職とチームを組み実行可能な就業上の措置を提案できる産業医なのです。

　事業場はメンタルクリニックではないので，産業医は精神科医ほどの知識や技術はなくてもOKです。心配なら精神科医に紹介し，適切な就業上の措置を講ずれば良いのです。

　精神科医療の神髄は病気の診断はむろんのこと，病気の薬物療法なので，市中の精神科医に面接指導と就業上の措置を依頼しても，事業場の状況を把握できていないなら，適切な面接指導はできないし，そもそもそういう依頼は断られます。

(3) メンタルは専門外というのは臨床医の発想

　正直にいえば，「面接指導の医師は精神科医がすべき」と考える嘱託産業医は産業医とは何かについての理解が不十分といえます。面接指導ができないという理由をいうなら，「私は事業場の状況を十分把握していないから」とすべきでしょう。

　仮に＜本制度での面接指導の医師は精神科医がベスト＞という考えなら，脳・心血管障害のリスクを評価し，就業上の措置を行うための長時間労働者面談は脳神経外科医や循環器専門医が行い，VDTターミナル検診は眼科医がすべきだし，長時間パソコン作業をする職場の腰痛・肩こり対策には整形外科医が，騒音の大きい工場の職場巡視は耳鼻科医がするべきと，きりがなくなります。

　「メンタルは専門外という産業医」の本業（主な収入源）は臨床です。○○が専門という発想は臨床医学（病院や医院で患者を診断治療する医学）の考え方で，産業医学（労働の安全と衛生を目的とする医学）の発想ではありません。これは嘱託産業医が悪いのではなく，わが国の産業医制度，ひいては医療保健（保険ではない）制度の中で産業医の位置づけが低い時代が長く続いてきたからです。

(4) 出勤頻度が低い産業医

　このような産業医でも，形式上の共同実施者でも良いのです。
その根拠は，厚労省「こころの耳」のQ＆A（1．産業医の職務）にあります。

第10章 実施者の選定と外部機関への委託

> Q1-1 労働安全衛生規則により、産業医の職務に「心理的な負担の程度を把握するための検査の実施並びに同条第三項に規定する面接指導の実施及びその結果に基づく労働者の健康を保持するための措置に関すること」が追加されましたが、産業医はストレスチェック制度にどこまで関与すれば、職務を果たしたことになるのでしょうか。
>
> A1-1
> 1．労働安全衛生規則14条の規定は、産業医がストレスチェックや面接指導等の実施に直接従事することまでを求めているものではありません。
> 2．衛生委員会に出席して意見を述べる（事前に人事担当者等に意見を述べる）、ストレスチェック制度の実施状況を確認するなど、何らかの形でストレスチェックや面接指導の実施に関与すべきことを定めたものです。
> 3．ただし、事業場の状況を日ごとから把握している産業医が、ストレスチェックや面接指導等の実施に直接従事することが望ましいと考えています。
> （改行と番号付加及び2のカッコ書きは著者）

　以上を解説し，嘱託産業医には「外部機関と制度担当者が全面的にバックアップします」と約束し，とりあえず，共同実施者になってもらいましょう。

注）わが国の産業医制度の課題つまりは，嘱託産業医の事業場で産業医が十分機能していない現状をあれこれ論じる意味は人事担当者には余りないのです。それは行政が考えることで，事実，厚生労働省では平成27年9月25日から「産業医制度の在り方に関する検討会」がはじまりました。人事担当者が考えることは，何としてでも産業医に形式上にせよ共同実施者になってもらうことです。

注）形式上の共同実施者について
　後述するように外部機関においても，実質的な実施者の名義貸しもしばしばです。産業医が名義貸し（出勤しない産業医）のような事業場も地方では稀ではありません。

そのような事業場も含めて本制度を実施するためには，形式上の共同実施者の存在も致し方ないと，著者は思います。

　本制度の問題の所在は実施そのものにはなく，面接指導と就業上の措置を行うことができる医師の人数とそのスキルです。検診機関をはじめとする外部機関がどれだけ医師を確保できるか，あるいは月一回出勤する嘱託産業医がどれだけのスキルを持つかが今後の課題になるでしょう。

> **コラム**
>
> **どの嘱託産業医も面接指導の能力はある**
> 事業場の状況を理解できれば，臨床医学の専門が耳鼻科，眼科，精神科，内科，整形外科，皮膚科の別なくストレスチェックの面接指導は可能です。それでは嘱託産業医に事業場の状況を教える人はどこの誰でしょうか？
>
> 　結論から言うと読者の皆様のような人事担当者とラインの部課長です。
>
> 　「えっ？！」ではないですよ，事業場の状況を医者に教えるのはビジネスパースンです。指針風の表現をすれば，当該事業場の当該労働者の業務の状況を把握しているのは，上司であり，次は人事担当者ですから。常勤の保健師・看護師もそうです（後述112頁　保健師・看護師が実施者になるメリット）。
>
> 　ちなみに指針がいう「日頃からの把握」のために，産業医に一番役立つのは，人事担当者などによる職場実態の解説。ただし，より深く把握（＝分析）するためには，産業医自身に労働契約や人材管理についての基本的な知識が必要です。

6. 実施者を決める

▶6.1　産業医に共同実施者になってもらうコツ

　繰り返しになりますが，形式上の共同実施者になってもらうことが最重要の目標です。
　本章をしっかり読み大きな業務負担ではないことを強調しましょう。次が面接指導の依頼ですが，拒否の意思が強い場合，外部委託を提案すればいいのです。

▶6.2　交渉のツボは情と誠意

（1）産業医と人事担当者の間にはナアナアの関係が続いた
　でも，密接度（95頁）の点数が2点以下の事業場も少なくなかったはずです。嘱託産業医の事業場では人事担当者と産業医の関係は希薄というのがフツーです。前述したように嘱託産業医の収入源は臨床なので産業医報酬は安くても困らないのです。クリニックの医師が産業医を引き受ける動機は，産業医報酬それ自体ではなく，検診の事後措置で自分のクリニックを受診してもらうことです。

　また，長時間残業者の面接も，本人が希望しなければ件数は少ない。このような状況は人事担当者にとっても悪いものではなかったから，両者の間にはナアナアの関係が続いてきました。ところがストレスチェック制度の法制化で両者には緊張関係が生じました。ある意味で本制度は嘱託産業医に対し，産業医を続けるか否かの踏絵をつきつけている状況です。当然，嘱託産業医はストレスチェック制度に人事担当者と同様，ストレスを感じています。

交渉を行うために大切なことは産業医との人間関係です。図3－3「産業医との密接度チェックリスト」でチェックした結果をもとに関係を強めましょう。思い切って，「何かあったら，先生の携帯に電話しても良いですか？」と言いましょう。医者というものは困っている人に頼られるのが，何よりもうれしいのです。

（2）産業医業務はやりがいが乏しく感じられる

　人事担当者が余り感じていないことですが，産業医の仕事は病院やクリニックで診療をするのに比べて感謝される度合いが少ないことです。医者になる人の原点，あるいは生きがいの主なことは＜困っている人の役に立つ＞です。しかしこのようなことはフツーの医師なら口が裂けても言わないもので，仲間内の愚痴となります。

　実際，著者の嘱託産業医の経験では，長時間残業者の面接に呼ばれた社員の中には，明らかに『何で俺が呼ばれるのだ，このクソ忙しい時期に』という思いが顔に出ている人もいます。部課長の中には産業医を見下す人もいました。

　それは当然です。面接に呼ばれる社員の多くは，さしあたっては仕事にさしつかえがない「困っていない状態」ですから。風邪や腹痛で医者にかかるのは熱や痛みが辛いだけでなく，仕事に差し支えるので医者を頼り，感謝もします。自腹を切って窓口でお金を払うのに。

　これに対して産業医面接では社員は料金を支払わなくても良いのに。

　だから産業医とりわけ専属産業医を目指す臨床医は極めて少数。嘱託産業医をやる臨床医も基本はボランティア感覚です。ビジネスパースンにとって嘱託産業医に支払う時給が5000円という莫大な金額に見えても，医者の世界では臨床医の時給に比べれば少ない。

　嘱託産業医をするお医者さんは，そういうことは百も承知で，困っている人や会社のために役立つのではという動機が大きい。嘱託産業医は事業場にとって極めて貴重な人材なのですが，人事担当者とのすれ違いが大きいことは残念です。<u>すれ違いを減らすためは，産業医との間の密接度を高め，事業場の状況を把握してもらうことに尽きます。</u>

第10章　実施者の選定と外部機関への委託

（3）情と誠意とは

　前述のように従来の産業医面接においては，社員の多くは「困っていない状態」で，医者として役に立つことは少なかったのでやりがいが感じられませんでした。ところが本制度の導入で，事業者は「困っている」状態になったので，そのことを産業医に率直に訴えると，医師には「役に立てた」という感覚が出てきます（図3－11「交渉のツボは情と誠意」参照）。これが共同実施者や面接指導をするモチベーションになるのです。

・図3－11　「交渉のツボは情と誠意」

> 共同実施者はムリと言われたら
>
> 1．法や論理ではなく情に訴える
> ⇒医者の本能は、困っている人は助けたい
> 「助けてください、**先生に見放されたら**、本当に立ち行かなくなります！」
> 2．誠意をみせる
> ストレスチェックに関係する3ヶ月間はストレスチェック手当てを支払います。
>
> **キホンは普段から産業医と人間関係を築いているか否か、まだ間に合う！！　飲み会！！**

　ともすると人事担当者は「法制化されたので」，「産業医の義務が増えたので」などと法や論理で依頼をしがちですが，逆効果です。医者というのはウェットな存在です。だから医療訴訟が増えれば医療崩壊が起こって救急医や小児科医，産科医になる人が減るわけです。『困っている人の役に立つはずなのに，患者から訴えられるのでは，報酬がいくらあってもやってはいられない！』

ところで，あらゆる職業において仕事のモチベーションはやりがいと並んで収入です。これは年収の多寡に関係ない。収入に不満ならば出世や転職を目指すわけで，医師も同じです。面接指導の依頼には待遇改善が必要な場合もあります。産業医も人間ですから，面接指導へのモチベーションを高めるために，面接指導手当を支給するのも方法です。図3－12「嘱託産業医の報酬相場など」に産業医の時給の相場を示しましたが，これを下回る場合は待遇改善が効果的でしょう。

・図3－12 「嘱託産業医の報酬相場など」

> ・**嘱託産業医の時給相場**
>   1万円から15000円
>
>   注）精神科産業医では時給5万も！
>
> ・**外部機関の面接指導料**
>   1件につき12000～15000円
>
> ・**産業医の確保は派遣会社**
>   メディカルトラストやリクルートなどが良い
>   公的団体への依頼は非効率的
>
> 嘱託産業医への市場ニーズが高まるので、今後は相場がアップしていく可能性もある。

　ストレスチェック制度を担う方に申し上げたいことは，非常に高いお金（半日15万円が相場）を支払って精神科医の産業医を雇うことがグレードの高い制度運用とは限らないこと。そういう経費の余裕があるなら専属，嘱託を問わず，報酬を上積みし仕事の苦労や喜びを語り合い，彼らのモチベーションを高めましょう。

▶6.3　医師以外の共同実施者

　ところで歴史の長い地方の事業場には専属産業医はいなくても，常勤の保健師・看護師が在籍するところも少なくありません。図3－13「医師と医師以外の実施者」を見てください。専属産業医の事業場は明快です。保健師，看護師が何人か在籍していても，専属産業医が実施者になるのが原則です。
　ところが嘱託産業医の事業場では事情は変わってきます。

（1）常勤の保健師・看護師がいない場合
　ここまで述べたように産業医が共同実施者になるのが筋です。

（2）常勤の保健師・看護師がいる場合
　このような事業場でも，前項5で述べたように産業医は嘱託で出勤が月数回以下というのが普通です。でも保健師・看護師のおかげでうまく回っている。このような事業場では保健師・看護師も共同実施者になった方がいい場合があります。
　その結果，＜保健師が実施者　産業医が面接指導＞という分業によるチームができて，産業医の出勤頻度が少なくても効率的なシステムになります。産業医の業務は面接指導中心となり楽になりますから。ただし，この場合も産業医は共同実施者になってもらいましょう。

（3）　保健師・看護師が実施者になるメリット
　このような事業場では健康管理部門の主役は嘱託産業医ではなく，常勤の保健師・看護師で，「メンタルヘルスをはじめ，家族の介護問題など何でも相談できる駆け込み寺みたいなもの」と感じる社員が多いでしょう。そういう事業場では看護師・保健師も共同実施者になるのが理にかなっています。
　「あ，健康管理室の〇〇さんが共同実施者だ」というように，いつも会社にいる人なので社員の安心感が生まれ，本制度への信頼性が高まり

・図3-13「医師と医師以外の実施者」

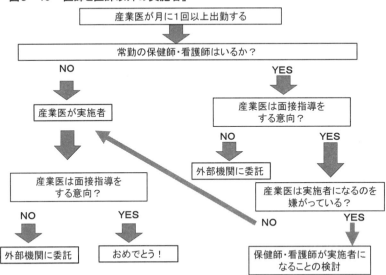

ます。

　一方，保健師・看護師にとって，産業医とならんで共同実施者になるのは負担と感じるでしょうが，後述するようにちゃんとした外部機関なら，実施についての段取りを整えてくれます。たとえば，衛生委員会などで述べるべき意見や資料もそろえてくれます。それでもインセンティブは大切で，実施者手当の支給も検討しましょう。

　メリットはもう一つあって，たとえば看護師が実施者なら，嘱託産業医から一目置かれて，両者のコミュニケーションが促進されます。

　当該部署の状況を日頃から把握している度合いは，以下のようになります。

> 当該労働者の上司＞人事担当者≒保健師・看護師＞＞嘱託産業医

産業医—保健師間のコミュニケーション促進で産業医の面接指導能力

第10章　実施者の選定と外部機関への委託

も高まります。

　著者の個人的な経験を述べますと，産業医の資格を取って二番目に嘱託産業医に選任されたのは常勤の保健師のいる事業場でした。メンタルヘルスの研究をして本を2冊ほど出版したけれど，実際の面談はからきし下手。実をいえば，健康管理室の保健師から面接のノウハウを学びました。というか真似ました。

　そもそも，大学病院の医者にしても，時々出張で行く医療機関では，看護師長や主任から，診療のシステムから始まって，薬や注射の名前まで教えてもらうのが常です。

　<u>医師と保健師・看護師の間に上下関係はなく，あるのは役割の違い</u>だと著者は思います。あたかも野球のピッチャーとキャッチャーの間に上下関係がないように。

　同様にして産業医と人事担当者の間にも上下関係はないし，専門性の直接な高低はありません。違いは役割であって，ストレスチェック制度のような安全衛生活動は双方がチームを組んで行うものです。<u>産業医や保健師・看護師，人事担当者は安全衛生活動（安全配慮義務）を行うチームの一員</u>です。

　保健師・看護師の読者には，条件が許せば共同実施者になることをお勧めします。負担はあるけれど，視野が広がって，キャリアアップとモチベーションのアップに繋がるはずです。

コラム

嘱託産業医の機能問題は行政や産業界にも起因する

　平成25年度の厚労省による調査結果では国民医療費は40兆610億円でした。そのわずか0.1％の400億円でも，産業医の雇用に使われれば，40000の事業場で年間100万円の産業医雇用力が生じます。某産業医派遣会社によれば産業医の時給は1万円なので，1事業場当たりの産業医の活動時間は年間100時間増になります。月当たり8時間増ですので，嘱託産業医の出勤回数を月2回にするのは余裕です。
　産業医による保健予防＝未然防止活動でメンタルヘルス不調だけで

なく，生活習慣病の発病や悪化が防止できるならば，医療費も減って，400億円を投資した価値もあるというものです。

でも，残念ながら世の中の仕組みはそうではなく，医療費という「売上」は医療機関，医療機器メーカー，製薬会社に分配される。医療費の増大は行政からみれば大問題ですが，医療機器や製薬メーカーからすれば市場拡大そのものです。でもそういう業種ではない読者にとって「医療費増大の恩恵」は与えられず，必死でしぼり出した利益の中から産業医への報酬や外部機関への業務委託契約金を支払うのです。

7. 外部機関の特徴とサービス内容

以上に述べたように，嘱託産業医の事業場で本制度の構築に大切なことは，身の丈にあった仕組みづくりで十分ということです。実施マニュアルや解説書に描かれた理想的なイメージ（専属産業医の事業場がモデル）のように，現実の限られたリソース（外部機関と嘱託産業医）を稼動させるのはムリ。読者の事業場らしくすればよいのです。背伸びをすることは不要で，今あるリソース（人事担当者と産業医）をもとに適切な外部機関を選定し，それなりの費用対効果が生まれれば良いのです。厚労省は野暮ではありません。

結論から言うと図3－8「外部機関のサービスの種類」で述べた**実施者サービスと面接指導サービスのある外部機関をチョイス**するのがベストです。

外部機関を分類すると健診機関，EAP，その他の3つに大別できます（図3－14「3種類の外部機関」参照）。
それぞれについて，経営のあり方も含んで述べます。

▶7.1 健診機関

おなじみの病院・クリニックや健診センターです。定期検診や人間ドッグのサービスを提供しています。少なくない健診機関がストレスチェ

第10章　実施者の選定と外部機関への委託

・図3-14「3種類の外部機関」

	コスト	活動実績	コンサル機能	一次予防の施策立案	面接指導
健診機関クリニック	中	健診	中	中	様々
EAP	中	メンタルヘルス 10～20年	高	高	様々
その他	低	数年	中	様々	様々

1. コンサルタント機能
嘱託産業医の事業所ではこれが重要になる

2. 一次予防やセルフケアの施策立案
努力目標に落とされた職場環境改善や、教育研修はEAPの独壇場

3. 基本サービス　1人300円から2,000円（紙ベースはウェブベースの5～6割増し）

4. 医師面接指導　医師面接指導料金は1人12,000円　健診機関のうち6割が対応可能

ックに参入し，医師面接指導のサービスも提供できる体制になっています。

　また，サービス内容は全国展開をしている大手EAPに比べると，健診機関ごとに差があります。名古屋本社，東京支店，岐阜工場などのように事業場が距離的に離れている場合，健診機関を選択した場合，事業場ごとにサービス内容が大幅に変わる可能性もあります。また，地方の健診機関では　2．基本方針や規定の作成支援　3．衛生委員会での解説などは難しいでしょう。

　しかし，何といっても健診機関の母体は医療機関ですから，面接指導をする医師は確保されています。一方，後述のコラムのように既に定期健康診断を契約している健診機関にストレスチェックを委託する場合，定期健康診断を契約していない事業場に比べて医師面接などで優先権があるかもしれません。

▶7.2 EAP

　EAPというのは従業員支援サービス（プログラム）というイメージで，お客様企業と社員1人当たり幾らという契約を結び，社員からのメンタルヘルス関連の相談業務（カウンセリング）をするのが基本です。研修や職場環境改善などメンタル不調の未然防止活動，職場復帰支援サービスもしています。いわばメンタルヘルス関係の専業機関です。

　本制度発足のだいぶ前から，職業性ストレス簡易調査票やその他の調査票を用いてストレスチェックを実施し未然防止や職場環境改善の経験もあります。

　その対応力は他の外部機関に比べてダントツで，図3-8「外部機関のサービスの種類」の全サービスに対応可能でレベルも高いといえます。一方，豊富なサービスが提供されていますが，本社のある東京もしくは大阪以外の地方都市では，5．面接指導と就業上の措置サービスに大きな制約があるのが実情です。たとえば「面接指導が可能な医療機関」というリストが事業者にわたされるだけ，というEAPもあり，事業者が段取りを整える必要があります。

　大手のEAPなら日本EAP協会に入っているので，そのサイトをみるのも良いでしょう。

注）未然防止をより効果的にするのがカウンセリングです。すでにEAPと契約している事業場では，就業上の措置をした社員にはカウンセリングを勧めましょう。また，面接指導を申し出なかった高ストレス者のために，「ストレスチェック結果で何か心配があれば，EAPに相談するのが良いですよ」と全社員に周知徹底するのがベストです。

▶7.3　その他の外部機関

　ストレスチェック制度の全体ではなく得意分野を部分的なサービスと

第10章　実施者の選定と外部機関への委託

して提供しているのが特徴です。資本規模は様々で，経営者も産業医が単独，もしくはグループのものから，大手企業の関係会社あるいはその子会社，メンタルヘルスにあまり関係のない事業会社が新規参入した場合もあります。

　以下のような個々のサービスに特徴をもつ外部機関です。
（1）ストレスチェック制度導入のコンサルタント
（2）実施者サービス
（3）医師面接指導中心のサービス
（4）制度担当者，実施事務従事者，嘱託産業医の教育研修
（5）ストレスチェックそのもの，受検から結果通知中心
（6）新職業性ストレス簡易調査票の実施

　専属産業医の事業場で本制度に詳しい産業医がいて，社内実施する場合，以上のサービスを活用すれば本制度をカスタマイズできます。

　<u>しかし非常に安価ではあるけれど，ストレスチェック結果のエクセルシートを送るだけ</u>の外部機関もあります。高ストレス者の選定や面接指導の申出，勧奨までシステムに組みこまれているサービスが提供されるとは限りません。会社や親会社に超大手企業の名前が付いていても，元はコンサルタント会社や人材派遣業のこともありますから，コストに見合ったサービス内容か図3-8「外部機関のサービスの種類」（99頁）に基づいて仕様と価格を明確にすることが不可欠です。
　はっきりいえば，健診機関やEAPに比べて専門外の場合もあります。実質的な経営者が医師や臨床心理士ではない場合，慎重に選定しましょう。

例）衛生委員会に出席して，制度の解説や高ストレス者の選定基準などを説明してくれるか？

▶7.4 設立年月日

　ストレスチェック制度の業界の現状は，皮肉にいえば「本制度という飴に様々な組織や個人が群がっている状態」です（著者もその一人）。この長引く不況で，大手企業が事業活動への投資を行うよりも，様子見で内部留保にせざるをえない時代に，ストレスチェック・サービス（商品）という新しい商品と市場ができたのです！

　どの外部機関も斬新な内容，コスト・パフォーマンスなどで同業会社との差別化を図ろうとPRをしています。

　病院や開業医などの保険医療機関とは違い，ストレスチェックをする外部機関の起業自体に行政の許認可は不要のため，老舗の健診機関やEAPだけでなく，様々な事業会社や医師が本制度に参入し，今後も増え続けるでしょう。本制度に詳しい人物がいて，レンタルサーバーを確保し，厚労省の無料ソフトを活用すれば会社立ち上げも可能です。

　問題は5年後，10年後にその外部機関＝業者が事業を存続しているか否かということです。15年ほど昔，メンタルヘルス不調が顕在化しつつあった頃，厚労省で「労働者のメンタルヘルスに関する検討会報告書」が出た頃の話ですが，今のストレスチェック制度参入ブームほどではないけれど，EAP会社が雨後の筍のように起業されました。しかし，市場で淘汰された法人も少なくありません。いくら安くてよさそうなサービスに見えても，その会社が5年後存続しているか，想像することも大切です。むろん未来はわからないので，実績で考えるのです。その意味ではEAPは無難な選択肢といえます。

▶7.5 その他の選定基準

　ここでは厚労省の「外部機関にストレスチェック及び面接指導の実施を委託する場合のチェックリスト例」を簡単に解説します。

第10章　実施者の選定と外部機関への委託

> □ストレスチェックに用いる調査票の選定、評価方法及び高ストレス者の選定基準の決定についての提案等を明示された実施者が行うことになっているか？
>
> （指針から）なお、外部機関にストレスチェックの実施の全部を委託する場合は、当該委託契約の中で委託先の実施者、共同実施者及び実施代表者並びにその他の実施事務従事者を明示させること

　委託のコストが非常に安価な場合，外部機関の実施者は実態のない名義貸しもありうるのです。外部機関が産業医，保健師・看護師，精神保健福祉士など実施者になれる有資格者を直接・間接に雇用しているとは限りません。また有資格者1名が何社まで実施者になって良いのかという制限は指針等にはありません。

　したがって外部機関によっては，実態の乏しい実施者を提供する場合もあり得ます（すなわち名義貸し）。極論すれば，たった一人の産業医を外部機関に登録して，1000社でも2000社でも実施者とすることも，社会的にひんしゅくをかうにしても違法ではありません。しかし，これも本制度の普及には必要かもしれません。

▶7.6　結論　EAPと健診機関

　嘱託産業医の事業場で選定すべき外部機関はEAPと健診機関です。条件があえばEAPがお勧めです。EAPの支店がない地方では健診機関です。前述したように既に定期健康診断で結びつきが長く，本制度のPRも十分やっている外部機関はお勧めです。どちらも費用に差はなく，面接指導と就業上の措置サービスを除けば，1名当たりの費用は600円～1000円（WEBベース）が相場です。

▶8．厚労省の無料プログラムによる社内実施の検討

「厚生労働省版ストレスチェック実施プログラム（以下，本プログラムと略す）」には7つの機能（図3－15）があります。注目すべきことは，労働者の受検状況を管理する機能と，あらかじめ設定した判定基準に基づき自動的に高ストレス者を判定する機能の2点です。専属産業医や著者のようにメンタルヘルス研究者なら使用してみたいツールです。

試しにパソコンにインストールして使い勝手を調べてみました。

図3－16にあるように，受検者・未受検者一覧があって（図ではゼロ），未受検者一覧をエクセルに出力できる機能があります。受検勧奨メール機能が自動化されていればいいのですが。

・図3－15「厚労省の無料プログラムの機能」

1, 労働者が画面でストレスチェックを受けることができる機能
　　※職業性ストレス簡易調査票の57項目によるものと，より簡易な23項目によるものの2パターンを利用可能
　　※紙の調査票で実施しCSV等へ入力したデータをインポートすることも可能
2, 労働者の受検状況を管理する機能
3, 労働者が入力した情報に基づき、あらかじめ設定した判定基準に基づき、自動的に高ストレス者を判定する機能
4, 個人のストレスチェック結果を出力する機能
5, あらかじめ設定した集団ごとに、ストレスチェック結果を集計・分析（仕事のストレス判定図の作成）する機能
6, 集団ごとの集計・分析結果を出力する機能
7, 労働基準監督署へ報告する情報を表示する機能

次の図3－17は高ストレス判定で，単純合計評価と素点換算評価を任意で選べるのがミソです。

本プログラムでコストダウンできるのでしょうか？

第10章　実施者の選定と外部機関への委託

・図3-16

受検者・未受検者一覧

実施回選択： 回 - 標準版

対象者と受検者を比較して未受検者一覧を表示します。未受検者に対する受検の勧奨にご利用下さい。
比較には管理者が登録した「対象者一覧登録」と受検者のデータの項目のうち、フリガナと生年月日を

受検者一覧

受検者一覧をExcel,CSV

ID...	社員ID	氏名	フリガナ	職場コード	職場名	生年月日
00001	001	鈴木	スズキ	1	課	1954/11/09
00002	002	山下	ヤマシタ	2	課	1993/10/10

未受検者一覧

未受検者一覧を

ID...	社員ID	氏名	フリガナ	職場コード	職場名	生年月日

ファイルのパスワード： ****
☐ パスワードを表示す

MENUに戻

> 未受検者一覧（図ではゼロ）が出るので、
> 必要に応じてメールなどで受検勧奨する。

・図3-17

高ストレス者判定

実施回選択： 回 - 標準版　　評価方法 単純合計評価（回答得点をそのまま合計する評価▼

編集と判定

ストレス反応の点数のみで選定　　　ストレス要因と周囲のサポートを加味して
　　　ストレス反 77　　　　　　　　　　ストレス反応： 63
　　　　　　　　　　　　　　　　　　　ストレス要因と周囲のサ 76

判定　　　該当　1人 - 50.0%　　　　　点数を初期化

高ストレス者一覧

高ストレス該　　全員　　　保存フォルダを

氏名	職場名	心身の...	仕事の...	高ストレス者...
鈴木	課	82	82	○
山下	課	47	50	×

プレビュー
印刷
PDF保存
Excel,CSV保存

ファイルのパスワー
****
☐ パスワードを表示す

MENUに戻

> 右上のメニューバーで**単純合計評価**と素点換算評価が選べる。
> 通常は前者でよい。後者は研究者が用いる。

たとえば，通常の外部機関のサービスで，価格がWEBベースで600円，紙ベースで1000円とした場合（図3-18「外部委託と社内実施のコスト」）で検討します。一方，厚労省の本プログラムを使用する場合，社内にサーバーを設置するか，専用のパソコンを用意することになります。100人程度の事業場なら後者でしょう。そのうち40人は紙ベースとします。要するにハードソフトは安いけれど，運用に人手と時間がかかります。

　前述の東京経営者協会の調査結果のように，本制度の立ち上げと運用で大変なのは検査（受検）そのものではありません。たとえば，

300人以下の事業場で
産業医の出社が月2回ほどある恵まれた事業場で，
産業医が本制度に熱心で実施代表者となり
高ストレス者の選定基準の設定や，面接指導の対象者を選定する基準があれば，総てを統括できるので本プログラムの使用は価値があります。

・図3-18「外部委託と社内実施のコスト」

・外部機関のコスト
1,000円X40人＋600円X60人＝76,000円

・社内実施のコスト
デスクトップパソコン　50,000円
プリンター　　　　　　20,000円
ウィルス対策ソフト　　 8,000円
LANケーブルなどの設置費用
計　　　　　　　　約80,000円

「え？、1年で元がとれる？」では人事担当者失格！

しかもこの上にプログラムのインストールから初期設定などの立ち上げと運用、メンテナンスには、本制度と社内ネットワークに詳しい担当者が必要で、その時間とコストが大きい。

第10章 実施者の選定と外部機関への委託

　しかしコストの面からいうと，その他の外部機関でストレスチェックそのもの，受検から結果通知中心のサービスを選べばWEBベースで100円，紙ベースで300円の機関もあり前述の比較よりも外部機関委託の方が安上がりです。

　本プログラムでシステムを構築し運用もできるなら，ストレスチェック会社を起業できるでしょう。結局，無料の本プログラムは予算も人材も限られた中堅企業のためにではなく，専属産業医の事業場（それに準じた事業場で）で専属産業医が意欲的なところや，新規に開業する外部機関のためにあるようです。そんな野心をお持ちの方は，おそらく出版されるであろう，本プログラムの解説書をお買い求めください。

　また本プログラムの登場で，検査そのもののコストが更に下がるから，新規に起業する外部機関（その他）も増えるでしょう。そして実施者サービスなど付加サービスをオプションとして販売する。新規の外部機関は経営のためにはスケールメリットを追求するはずです。

　注）嘱託産業医の事業場で本プログラムを使用する価値があるのは，外部機関に対してストレスチェック結果を絶対に知られたくない業種，すなわち警察や防衛などの公的部門と思われます。

> **コラム**
>
> **ストレスチェック制度に健診機関が新規参入する目的**
> 　健診機関はEAPとは違ってメンタルヘルスについての未然防止活動、職場復帰支援サービスはしていません。投資（情報システムよりも人材確保と育成）が必要で、健康診断のノウハウがすぐに応用できない分野ですから。著者の知っている大手健診機関は当初、参入を見送るとのことでしたが、すぐに方針が変わりました。
>
> 　ストレスチェック制度という新規の市場で売上と利益を獲得するという要素もありますが、本業である健康診断の優良顧客企業を囲い込むためです。健診の経営母体は病院であることが多く、健康診断後の精密検査や治療という医療行為の売上が最も大きいのです。
>
> 一方、少しでも経費を削減しようと考える企業は、健診価格の値引きは難しいので、より安い健診機関や病院・医院に切り換えてきました。しかし、これからは企業が健診を選択するインセンティブは、健診費用のコストダウンだけでなく、ストレスチェックと医師面接指導も引きうけてくれるかどうかに変わります。しかし、医師面接指導のキャパシティーは健診といえども限りがありますので、このサービスを受けるためには、定期健康診断や人間ドックなどとの抱き合わせが条件になるかもしれません。

第11章 実施から面接指導申出まで

ここからは外部機関との打ち合わせになります。まずは外部機関のサービスの大枠を理解し，価格や効果などの観点から，実施者が制度担当者と協議し決定します。

▶1．外部機関のサービスの理解と契約，規定への反映

実施者の業務は98頁図3－7「実施者の義務・役割」に示したように，面接指導以後を除けば，1．調査票の選定　2．ストレスの程度の評価方法の決定　3．高ストレス者の選定基準の決定，4．面接指導対象者の選定基準の決定となります。

実施の流れ

一方，実施の流れは前書きで示した図1－1「全体の流れと可能な委託」のようになります。初年度は9章で述べた基本方針と実施規定の作成という初年度のみの工程があるので，それらに費やす時間を考えましょう。

・図4-1「初年度のみの工程部分」

目的の検討

嘱託産業医の事業場

外部機関の選定・契約 → 基本方針と規定の作成
→ カスタマイズ

専属産業医の事業場

基本方針と規定の作成 → 外部機関の選定・契約
→ カスタマイズ

　＜基本方針と規定の作成＞と＜外部機関の選定と契約＞の時間的関係に注目すると，嘱託産業医の事業場では，制度担当者の知識が乏しく，同時に産業医も十分機能していないので，外部機関の選定・契約，基本方針と規定の作成，カスタマイズの順になるのが自然です。一方，専属産業医の事業場ならば施策立案能力が高いので，基本方針と規定の作成を先に行い，外部機関の選定・契約，カスタマイズという流れになるでしょう（図4-1「初年度のみの工程部分」参照）。

　嘱託産業医の事業場では，制度担当者がメインとなって外部機関の説明を受けつつ，基本方針や実施規定の案を作成し，共同実施者である産業医の承認をもらい，衛生委員会で審議という形でよいでしょう。外部機関との契約が成立すれば，かなりの部分を外部機関がお膳立てしてくれますし，基本方針や規定の作成もアドバイスが受けられます。

　しかし，嘱託産業医の事業場では，準備なしで外部機関の選定に着手すると，外部機関の言うなりになりかねません。したがって，外部機関の選定・契約の前に，人事部門や衛生委員会などで目的の検討を十分する必要があります（8章参照）。

第11章　実施から面接指導申出まで

（1）調査票の選定

　多くは職業性ストレス簡易調査票の57もしくは23項目を使用するでしょう。これは，すべての外部機関は対応できます。選定理由は厚労省が支援して作成した調査票で医学的エビデンスがあること，とすれば良いでしょう。

　一方，外部機関によっては職業性ストレス簡易調査票に加えて，オプションで行うストレス調査もあるでしょう。正直，本格的に職場環境改善やメンタルヘルス不調の予防をするためには職業性ストレス簡易調査票では役不足だと著者は思います（研究者のホンネです）。

　オプション調査をつける場合は外部機関に訊いて，その調査票を使用する目的や長所を学びましょう。

（2）ストレスの程度の評価方法，高ストレス者の選定基準，面接指導の対象者の選定基準

　ストレスの程度の評価方法や高ストレス者の選定基準は実施マニュアルのように，およそ上位10％になるように選定されるのが標準です。しかし，やってみないと判りません。カスタマイズの余地がないので，お任せです。

　また，面接指導の対象者の選定基準も，外部機関のほとんどが，基本的に高ストレス者を選定するサービスになっていますので，これもお任せです。ちなみにこれらの方法や基準の医学的根拠を規定に書く必要はありません。労働安全衛生法と指針に基づいたとするだけでよいのです。基本的に高ストレス者を全員，面接指導対象者として構いませんが，外部機関のソフトウェア上，自動的にするのはダメで，外部機関の実施者がパソコン上で全員にチェックを入れる，紙ベースなら高ストレス者名簿に実施者の印鑑を押す，などのプロセスがあります。外部機関によっては，このプロセスを事業場の共同実施者に求める場合もあります。

　先行企業の経験では，実際に面接指導を申し出る受検者は，高ストレス者の10～20％，すなわち全受検者の1～2％となっています。実施が本格化した2016年春以後は定かではありませんが，この数字は標準的といえますので，覚えると便利です（図4-2「面接指導申出者の予想」参照）。

注）面接指導対象者の絞り込み

制度担当者や実施者によっては，面接指導の対象者を絞り込んで，医師による面接指導の件数を限定したいという事業場もあるでしょう。

たとえば，外部機関の基準に加えて，月の時間外労働が60時間以上などという別の選定条件を入れたい場合，そのようなオプションが可能かどうか，外部機関に訊きましょう（多くはムリですが）。

また13章で述べるように，指針では「なお，ストレスチェックを受けた労働者が，事業者に対して面接指導の申出を行った場合には，その申出をもってストレスチェック結果の事業者への提供に同意がなされたものとみなして差し支えないものとする。」とあるので，面接指導の勧奨のメールや文書に，この旨（申出＝ストレスチェック結果の事業者への提供）を強調すれば，申出は減る可能性もあります。

しかし，それによる副作用は大きくなります。初年度はまず素直に取り組み，高ストレス者を要面接指導対象者に選定し，ソフトに勧奨を行いましょう。

・図4－2 「面接指導申出者の予想」

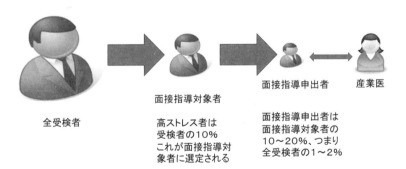

全受検者	面接指導対象者	面接指導申出者	産業医
	高ストレス者は受検者の10%これが面接指導対象者に選定される	面接指導申出者は面接指導対象者の10～20%、つまり全受検者の1～2%	

注）最近の調査では，面接指導申出者は全受検者の0.3～0.03%という結果もある。

（3）受検

不調のために通院中の労働者は受検の例外となって良い，という国の見解もありますが，ならば，＜出張などのやむを得ない事情で受検しない人以外は通院者＞となってしまい，個人情報保護上，微妙なのであくまでも，本制度の対象となる労働者は全員受検するとしましょう。

（4）実施時期

2016年度は企画立案の準備に時間がかかり夏以降の実施になる事業場が多いと思います。制度担当者などが，繁忙期は避けたいと考えても，人事部門の他の仕事が押している場合，やむを得ず不本意な実施時期になることもあるでしょう。初年度はそれでよいのです。

2．外部機関との具体的な合意項目

前述したように，一般的な外部機関との委託契約の内容は，カスタマイズできる余地は少ないといえます。逆にいえば外部機関にお任せできるのです。しかし，こまかな部分で合意を必要とする項目もあります。

・図4－3「外部機関との具体的な合意項目」

- 事業場と外部機関の役割分担　入力と進捗確認
- 受検勧奨の方法と回数、通知法
- 高ストレス者の選定基準の確認と通知方法⇒お任せ
- 面接指導対象者の選定、勧奨方法と回数⇒お任せ
- 面接指導の申出の方法、期限
- 面接指導の勧奨方法、回数、実施者名
- 医師による面接指導の回数
- 結果の保存方法

注）黒色部分はカスタマイズなどで、サービス料金が増える部分

▶2.1　事業場と外部機関の役割分担

（1）紙ベースの入力作業

　受検者のデータをパソコンに入力する作業は，意外に煩雑です。これが基本料金に含まれるのかどうか，たとえばWEBベースは600円，紙ベースは1000円と決められている場合は事業場には選択肢があります。しかし，外部機関によっては，基本料金は600円で，紙ベースの入力作業は事業場が行うというサービスの場合もあります。この場合，事業場の実施事務従事者と定められた人が作業をする必要があります。

（2）　進捗状況の確認

　面接指導の申出まで全部お任せ可能という外部機関も，初年度では色々な事態が起こりえます。予想に比べて受検者が少ない時に，委託契約による外部機関からのメールや書面による受検勧奨だけでなく，制度担当者または実施者が状況を判断し，社内で受検をアナウンスしましょう。

▶2.2　受検勧奨の方法と回数，通知法

　定型の文章をもとに，誰を発信者（実施者もしくは人事部門の管理職名）とするのか，決める必要があります。受検の勧奨は事業者行うものなので，誰にするかを決めます。EAPでは受検勧奨の文章の雛型がいくつか用意されている場合もあります。通知方法も確認しましょう。

▶2.3　高ストレス者の選定基準の確認と通知方法

　これらも，前述したように外部機関にお任せで良いでしょう。

▶2.4 面接指導対象者の選定，勧奨方法と回数

受検勧奨と同じで，フォーマットに発信者（実施者）名を入れる形になります。実施マニュアルでは，3回となっていますが，2回でも問題ないでしょう。

▶2.5 面接指導の申出の方法，期限

これは受検者へのストレスチェック結果の通知と一体化した中身です。当然，面接医師の氏名や所属，面接場所などの情報によって，申出の件数にも差が生じてきますので，それらを申出しやすい表現で結果の通知に明示する必要があります。この部分をストレスチェック結果に記載してもらえるのか外部機関に確認しましょう。

▶2.6 医師による面接指導の回数

これは，本書執筆の現時点（2015年12月上旬）において，外部機関によっては明確な取り決めがないところもありますが，面接指導を外部機関に委託する事業場では極めて重要な事柄です。

一般的には外部機関の医師による面接は1回で受診指導や就業上の措置を行うのですが，その後のフォローアップや就業上の措置の継続や解除の判断は事業者が行うわけです。これらの継続や解除の判断についての意見は，事業場の産業医が出すべきですが，産業医が機能していない場合，どうするのか，外部機関と打合せし対応策をつくる必要があります。

外部機関による医師面接の内容や回数は，面接指導数が何件あるか実施してみないと解らないため，その場次第ということがあります。制度担当者や実施者が，あまり先のことを，アレコレ考えても仕方がないと

いえます。

　しかし，医師面接については1件12000円程度が相場なので，フォローアップまで外部機関の医師が行うとなれば，事業場の出費が増えるし，そもそも産業医契約を事業場と結んでいない医師の責任が過大になるので，本制度による外部機関の医師面接回数は1回であるべきです。

▶2.7　ストレスチェック結果の保存方法

　外部機関への委託は，当然，そこでの保存となりますが，外部機関の医師による面接指導の報告書や意見書がpdfなどのファイルで保存されると，次年度の作業が楽になるので，この件について確認しましょう。

ご注意

少なくない外部機関が実施マニュアル（平成27年5月）をもとに本制度を作り上げています。しかし、この実施マニュアルは前書きで書いたように専属産業医の事業場がめざすべき高い基準となっています。嘱託産業医の事業場にはミスマッチの場合もあるので、2017年以降、サービス内容の細かな点や価格が改訂される場合もあります。

第12章 面接指導，意見聴取，措置の実施と解除

さて，本制度のウリであり，人事担当者と産業医の双方が悩む，面接指導などを解説します。一般論で書いても学べることは少ないので，ケース・スタディーとして具体的に書きました。読者の事業場でありうる未来です。せっかくの面接指導を失敗しないために，まずケース5－1をお読みください。

> ・ケース5－1　残念な総務課長
> 　山下美緒産業医（32歳、女性）は、その年の9月に産業医としてA社に赴任しました。月1回午後1時から3時間出勤する契約です。本業は消化器内科で650床の大病院の勤務医です。その病院は健診センターももっていて、A社も健診と人間ドックの契約をしていました。
> 　A社は素材メーカーである一部上場企業の関係会社でおもに製造がメインで、社員は332名です。制度担当者は人事部総務課の黒島大介総務課長（51歳、男性）で、その年の4月に親会社から出向してきた人。医師面接以外は前述の健診センターに委託してあり、面接指導の打ち合せは実施事務従事者の総務課員の女性とメールや電話でしていました。報告書・意見書も前述の健診センターの医師が使用するものをそのまま使うことになっています。
> 　先週、面接指導を申出た社員は4名ということをメールで知って、産業医は「何とか出勤日の1日で終わりそう」とホッとしました。

ところが、面接のための書類を点検すると、出勤簿のコピーがないのです。そのことを伝えると実施事務従事者の女性はちょっと困った顔をしています。彼女の話によると、ICカードによる入退出記録はすぐには出せない、月の残業時間なら記録があるといいます。山下産業医は「それって、本人が申告した残業時間の集計？」と訊くとやはりそうでした。どうもこの会社には結構なサービス残業がありそうです。

　それはともかく、時間がもったいないので、残業時間は面接指導対象者に訊くことにして、総務課長の居場所を確認しました。面接指導ですから、何があってもおかしくないので。

「すいません。課長は本日急な出張で本社に出かけて不在です…」

「では、あなたは？」と訊くと
「私は人事のことは判りません。課長でないと。でも先生のお話はちゃんと伝えます」と言いますが頼りなさそう。山下産業医は『こんな会社を選んで失敗したかな…』と思いました。意見の説明は翌日電話でした。

1．医師による面接指導

▶1.1　用意すべき書類

　ここで人事担当者のすべきことは，前述（10章）したように医師が事業場の状況を把握できる資料を用意することです。ケース5－1では，産業医が指示した出勤簿のコピーが，ありませんでした。何で出勤簿が大事なのでしょう。わが国での有給取得の多くは心身の不調によるものだからです。欠勤日数は体調不良を推測する最重要指標です。

第12章　面接指導，意見聴取，措置の実施と解除

> （指針から）
> （3）実施方法
> 面接指導を実施する医師は，規則第52条の17の規定に基づき，面接指導において次に掲げる事項について確認を行うものとする。
> ①当該労働者の勤務の状況（職場における当該労働者の心理的な負担の原因及び職場における他の労働者による当該労働者への支援の状況を含む。）
> ②当該労働者の心理的な負担の状況
> ③②のほか、当該労働者の心身の状況
> 　なお事業者は、当該労働者の勤務の状況及び職場環境等を勘案した適切な面接指導が行われるよう、あらかじめ、面接指導を実施する医師に対して当該労働者に関する労働時間、労働密度、深夜業の回数及び時間数、<u>作業態様並びに作業負荷の状況等の勤務の状況並びに職場環境等に関する情報</u>を提供するものとする。
> （箇条書きと下線は筆者）

　下線部分は判りにくいですが，結論からいうと本人持参のものを含めて以下をご用意ください。

（1）ストレスチェック結果

　ただし，本人に通知・送付されたものを本人が持参することが望ましいです。

（2）ここ3か月の出勤簿

　面接指導対象者の，ストレスチェックの2か月前から面接時までの出退勤の記録（タイムレコーダーもしくはICカード上の記録）です。ありのままの出退勤が大切で，くれぐれも本人申告の出退勤記録とはしないこと。

（3）社内異動歴

　面接する医師にとって意外に役立つのが入社以来の異動歴です。事業場によって名称は違いましょうが，生年月日，現住所，家族構成，入社

年月日から現在に至るまでの異動歴などが記載された書類があるとよいです。なぜなら業務内容が大幅に変わる異動や転勤は，精神障害の労災認定基準では中程度の負担となるように，しばしば高ストレスの原因になります。できれば，家族構成や社内資格，賞罰などの記載された社内の履歴書のようなものがあると素晴らしいです。なければ，ここ3年で所属した部署名の記録です。

(4) 健診結果票

　直近の定期健康診断の結果票です。指針の言う当該労働者の心身の状況を知るためのものです。

(5) 報告書・意見書

　これは厚労省が平成27年度11月に出した「長時間労働者，高ストレス者の面接指導に関する報告書・意見書作成マニュアル（以下，報告書・意見書マニュアル）」の高ストレス者用が適しています。平成27年5月の<u>「労働安全衛生法に基づくストレスチェック制度実施マニュアル」に記載されているものより，はるかに使い勝手が良い</u>です。

(6) A4版の記録紙

　氏名，年月日，医師名だけが入った，産業医のカルテのようなものです。

　以上は事業場内の産業医による面接に必要な書類で，外部機関に委託する場合は，指定のものをご用意ください（図5-1「医師面接に用意すべき書類」参照）。

　専属産業医なら事前資料がなくても面接は可能ですが，出勤が月1回未満の嘱託産業医や外部機関の医師が面接する場合には，「事前に事業場の状況をお知らせする資料としてどのようなものが必要ですか？」と医師に訊いておくのが良いでしょう。もちろん外部機関の担当者から求められた資料の提出は当然です。ちなみに指針に書かれた「作業態様並びに作業負荷の状況等の勤務の状況並びに職場環境等」というのは，医師が面接指導対象者から聞き出すべき内容であると筆者は思います。

第12章　面接指導，意見聴取，措置の実施と解除

・図5-1　「医師面接に用意すべき書類」

		事業場内の 産業医	外部機関の 医師
事前資料	1. ストレスチェック結果 2. 出勤簿 3. 異動歴 4. 健診結果票		外部機関 指定のもの
報告書 意見書	5. 厚労省の報告書・意見書 マニュアル＊ 6. 記録紙		外部機関 指定のもの

（＊　長時間労働者、高ストレス者の面接指導に関する報告書・意見書作成マニュアル　平成27年度11月厚労省発出）

▶1.2　面接場所

　場所は意外に大事です。従来，ほとんど産業医面接（健診事後措置面接，長時間労働者面接）をしてこなかった事業場では，外部機関での面接になると思いますので問題ありません。しかし，本制度のために嘱託産業医を採用し，事業場内で面接する場合などは，上手くカモフラージュすることが必要です。

　『見慣れない人が応接室に来ているな。そうか，今日はストレスチェックの面接の日だったから，あの人は産業医なんだ。あれ，同期が入っていくぞ。あいつ不調なのか？』となってしまいます。

　また次項で述べるように面接指導をEAPや健診センターではなく，精神科開業医に委託する場合も，その先生のクリニックで実施するのは抵抗が大きいので面接場所の設定は慎重にしましょう。

▶1.3 面接指導を精神科開業医に委託する場合の注意

　図5－2「面接指導を精神科開業医に委託する場合の注意」で示したように，A健診センターで実施するけれど，面接指導は何らかの事情で地元のBメンタルクリニックに委託せざるを得ない場合もありましょう。実施する健診センターは県庁所在地などにあって，そこは事業場からかなり離れている。なおかつ産業医が十分機能していない，あるいは面接指導を断られた。実施自体は紙ベースでも郵送だから問題ないけれど，面接指導に行くには時間がかかりすぎるので，地元の精神科開業医に依頼せざるを得ない。大都市圏では考えられないですが，地方に行くほど医療過疎ですし，当然産業医も少ないので起こりうるでしょう。

・図5－2 「面接指導を精神科開業医に委託する場合の注意」

以下に例に挙げたものは可能
ストレスチェックの実施そのものはA健診センター
医師による面接指導はBメンタルクリニック
＊前述のように事業場の産業医は共同実施者になるべき

課題および問題点
1. **健康保険がきかない。1名〇万円などの業務委託契約**が必要
2.「面接指導対象者はメンタルクリニックに行くこと」となれば、プライバシーが保たれにくい。
3. その医師が事業場の状況を十分把握していなければ、適切な事後措置を講ずることが困難。

第12章　面接指導，意見聴取，措置の実施と解除

　やむをえず，そうする場合は，面接指導には健康保険がきかないので，面接1名につき〇万円など，報酬，面接時間帯，場所などの業務委託契約をすることが必要となります。

業務委託契約書の骨格

対象　　弊社社員でストレスチェック結果が高ストレスかつ実施者が、面接指導が必要と判断した社員

報酬　　面接1名30分で15000円、就業上の措置をいただいた場合は5000円の追加

場所　　弊社第一応接室

時間　　第3水曜日午後で先生のご都合のよろしい時間帯

　また，高ストレス者が面接指導を申し出たら，〇〇メンタルクリニックで受けるということになれば，発病もしていないのに不調者扱いをされた気にもなって，翌年から申出がゼロになるかもしれません。さらに，産業医でも健診センターの医師でもないから，事業場の状況を把握していないことが多いし，適切な就業上の措置にならない恐れがあります。以上のようなことは，開業医にとっても面倒なので拒絶される可能性が少なくないし，わざわざ業務委託契約をするなら，産業医契約にする方が良いかもしれません。

　そのような事を考えると，やはり一定の出費を覚悟して，ストレスチェックのためだけでも良いので，事業場に嘱託産業医を確保すべきと筆者は思います。

・ケース5－2　不利益取り扱い？

　山下美緒産業医のケースの続きです。

　面接の時に彼女が気になったのは生産管理課の鈴木悠太主任（36歳、男性）でした。この4月にある部署から異動して以来、慣れない仕事で寝つくまで1～2時間もかかるという不眠症です。しかも本人によれば、ここ3か月間は100時間近い残業をしているのです。イライラや不安、活気のなさが主な症状でしたが、幸い、まだうつ病ではなさそうです。

　山下産業医は、自分の病院の心療内科に受診指導をして紹介状を書き、意見書には残業制限月20時間以下としました。

　1か月後、鈴木主任とフォローアップの面接をしましたが調子はまだ悪そうです。彼の話によると、心療内科へは確かに受診したとのこと。「安定剤で眠れるけれど、朝眠気が強すぎて、飲むのを控えている」ということでした。そのことは主治医に相談したの、と訊くと「まだ1回しか受診していない、次は来週受診です」

　「では、残業は？」と訊くと、困った顔で「少しは短くなったけれど、今のペースでは月80時間前後」といいます。さらに訊けば、頭痛と食欲不振がありそうで、朝の出勤がとても辛く、先週から遅刻気味とさえ言います。

　『総務課長には電話で伝えたのに、何で残業が減っていないの！これでは申請されたら労災のリスク大、ともかく総務課長を呼ばないと！』と思い、本人が渋るのを説得し来てもらいました。

　総務課長は「産業医の意見書・報告書は確かに生産管理課長に渡しました。だけど、鈴木主任は責任感が強いから、なかなか帰れなかったのではないかと思います」と。

　産業医は「課長、これ不利益取り扱いになりますからまずいですよ。あとで生産管理課長とご本人とで打ち合わせしたいのですが」と提案すると、生産管理課長は出張で不在ということでした。3週後、「適応障害のため、1か月の休養が必要」という診断書が出てしまいました。

　こうして、山下美緒産業医のストレスチェック・デビューは残念な結果となったのです。

第12章　面接指導，意見聴取，措置の実施と解除

２．医師からの意見聴取と措置の決定

　意見聴取は，厚労省の指針には「面接指導実施後遅滞なく」と書いてあります。これは解説書によっては「面接指導後1か月以内に」と解釈しているものもありますが，遅すぎます。就業上の措置が必要な受検者の場合，早いほどよいのです。
　たとえば，不眠症で心療内科に受診指導をし，1か月の残業時間を20時間以内にという意見書が出て3週間も放置していたら，どうなるのでしょうか？　悪くするとこのタイムラグで発病することもあります。

▶2.1　意見聴取は速やかに

　たいていの医師は報告書・意見書をその場で書けます。事業場の産業医なら1名30分，午前中の3時間で5名は可能です。残りの30分は人事担当者が産業医からの意見聴取を行えばいいでしょう。人事担当者にとっても，その場で処理した方が，結局は楽ですから。医師による口頭での説明が，何よりわかりやすく価値があります。これに反する例がケース5-1でした。
　外部機関からの報告書と意見書はおそらくメールへの添付を通じてとなるでしょう。この場合は，就業上の措置がされた人については，必要に応じて電話で説明を求めればいいのです。ここで大事なことは面接指導をした医師や外部機関に遠慮しないことです。<u>少しでもわからないことがあれば口頭にせよ，電話にせよ確認し，その内容はリスク管理のためにも必ず記録しておいてください。</u>（図5-3「意見聴取と措置の決定」参照）

・図5-3 「意見聴取と措置の決定」

	事業場内の産業医	外部機関の医師
意見聴取	面接の当日口頭で	メール電話確認
措置の決定	1週間以内	1週間以内

▶2.2　就業上の措置の決定も速やかに

　人事担当者にとって意外に難しいものです。なぜなら人事担当者は当該労働者に対して直接の業務命令権を持っていませんから。
　これも速やかに、意見聴取後の1週間以内に当該社員の上司と協議すべきです。時々、報告書・意見書を上司に渡すだけの人事担当者がいますが、トラブルの元です（ケース5-2）。このケースでは不眠症の段階で未然防止できるチャンスがあって、産業医が受診指導と残業削減の意見書を書いたのです。一般に不眠症を治すことができれば、ストレスの根本的な解決がなくても、メンタルヘルス不調になるリスクはかなり低下します。しかし長時間残業の不眠症は残業を制限しないと薬だけでは治らないのです。このケースのように寝不足のまま睡眠薬を飲めば、朝の眠気が強くなり仕事に差し支えます。本人は薬の副作用と思い、主治医への信頼が薄れる、薬への恐怖心が出るなどの不具合が起こります。

▶2.3 不利益取り扱いに要注意！

　ケース5－2のように，産業医が月20時間以下と意見を述べたのに，鈴木主任の残業時間は依然として月80時間というのは，嘱託産業医の事業場ではしばしばあることです。本当に悲しいことですが，産業医の意見書というのは，医療機関の診断書に比べて軽視されるのが実情です。あまりの要員不足で部下の残業を減らすのが難しく，最後は課長が抱え込むしかない，というのがわが国の企業によくある話です。一部上場かつ超大手の主要事業所で，専属産業医もいれば，要員の余裕もあるという所でしか働いたことのない産業医にとっては，「ブラック企業でしょ」と思うかもしれませんが。

　しかし，指針によると以下の下線部分に該当する恐れがあります。

> 【指針から】
> イ　面接指導結果を理由とした不利益な取扱い
> ②　面接指導結果に基づく措置の実施に当たり、医師の意見とはその内容・程度が著しく異なる等医師の意見を勘案し必要と認められる範囲内となっていないもの又は労働者の実情が考慮されていないもの等の法令上求められる要件を満たさない内容の不利益な取扱いを行うこと。

　筆者が指針のこの部分を初めて読んだ時は驚きました。ケース5－2のように，人事担当者も上司も，不利益に取り扱うという意図は全くないのに，結果的にそうみなされるからです。

意見聴取と就業上の措置の決定は速やかに！

▶2.4　人事担当者とラインの管理職との隙間をうめる

ケース5－2のようなことを防ぐには、人事担当者とラインの管理職との間のコミュニケーションを深めることが不可欠です。

> ・ケース5－3　人事担当者とラインの管理職との隙間をうめる
> では、黒島大介総務課長の思いにも耳を傾けましょう。
> 産業医から『黒島さんは人事部の人間でしょ、生産管理課長をちゃんと指導しなければ』と電話で言われた。それは解っている。でも自分は半年前に出向してきて、その前は親会社の営業技術が専門だったし。生産管理課長は生え抜きの人（いわゆるプロパー）で、仕事には厳しい人だから、書類を渡して「よろしく」としかいえなかった。それに、心療内科で睡眠薬も処方されているのに、なぜ不眠症が治らないのだ？
> 　うつ病ならともかく。産業医には質問しにくいなあ。あの先生は消化器内科が専門だというし、失礼があったらまずいだろうし。
> 　それにしても、生産管理課長に話すのは大変だなあ。あそこは激務だし、課長も常時100時間前後の時間外労働。鈴木主任の業務を課長が抱え込むのは目に見えているし…関係会社は厳しいからなあ、出向してわかった。だけど、残業制限の意見書が出たのだから、今のままではまずいな。
>
> 　黒島総務課長は診断書の件も含めて生産管理課長と打ち合わせをしました。彼は意外なことに、黒島総務課長に「すいません課長」と謝ったのです。
> 　「産業医の意見書をもらった時は、心療内科にかかれば不眠症は治るだろうと思って、本人には『早く帰れ』というだけだった。あいつは仕事を抱え込むタイプだから、課長の自分がスタッフに仕事を割り振るべきだった。反省している。自分が責任をもって彼の残業を減ら

します」と言ってくれました。黒島総務課長はほっとしましたが、生産管理課長はこう付け加えました。

「以前、人事部長にもお願いしていましたが、今回の件もあって、うちの課の増員をお願いしたいのです。今いる派遣が優秀なので、契約社員にしていただければ…」

黒島総務課長は難題を突き付けられたのです。親会社からすれば、増員などもっての他。自分の評価にも関わります。だけど、気づいたのです。自分は親会社には戻れず、ここで頑張るほかはない、と。

指針はたいしたもので，こういうのを見越しています。

【指針から】
(5) 就業上の措置の決定及び実施
法第66条の10第6項の規定に基づき、
　事業者が労働者に対して面接指導の結果に基づく就業上の措置を決定する場合には、あらかじめ<u>当該労働者の意見を聴き</u>、十分な話し合いを通じてその労働者の了解が得られるよう努めるとともに、労働者に対する不利益な取扱いにつながらないように留意しなければならないものとする。なお、<u>労働者の意見を聴くに当たっては、必要に応じて、当該事業場の産業医等の同席の下に行うことが適当</u>である。
(箇条書きと下線は筆者)

　(解説) ケース5-1で山下産業医が，面接の当日，黒島総務課長の居場所を確認したのも，指針のこの部分のためでした。残業制限は本人と事業者の双方に大きな負担となります。大手企業でも関係会社ともなれば，大きな声では言えませんが，生活残業という言葉もありますから。残業制限という就業上の措置をするのは，産業医としても慎重になります。たいていは，受診指導とセットにして出すものです。

　当該労働者の意見を聴くというのは，なんとなく労働者よりにみえますが，そうではなく，人事担当者が当該労働者に残業制限をすることを説得する目的で行うのです。

　普通の社員にとってメンタルヘルス関連で残業を制限されるのはとて

も嫌なことです。上司による評価に影響するとか，給料が減るとか考えますから，説得が必要なのです。

> 【指針】
> 　事業者は、就業上の措置を実施し、又は当該措置の変更若しくは解除をしようとするに当たっては、
> 1）　当該事業場の産業医等と他の産業保健スタッフとの連携はもちろんのこと、
> 2）　当該事業場の健康管理部門及び人事労務管理部門の連携にも十分留意する必要がある。
> 3）　また、就業上の措置の実施に当たっては、特に労働者の勤務する職場の管理監督者の理解を得ることが不可欠であることから、事業者は、プライバシーに配慮しつつ、<u>当該管理監督者に対し、就業上の措置の目的及び内容等について理解が得られるよう必要な説明を行う</u>ことが適当である。
> (箇条書きと下線は筆者)

話は前後しますが，黒島総務課長が面接指導の当日不在だったことは，指針の1）の部分，産業医との連携の不十分さにつながりました。

面接指導時は，人事担当者は事業場内で待機！

（指針解説）またケースでは，総務課長の生産管理課長への遠慮がありました。これも問題です。指針3）にあるように，総務課長は生産管理課長に対し，＜就業上の措置の目的及び内容等について理解が得られるよう必要な説明を行う＞必要があったのに，報告書・意見書を渡しただけでした（ケース5－2）。この部分の事業者という主語も，やはり人事担当者です。役員や社長が管理監督者に残業制限を業務命令として出せば，こんな事態にはなりません。しかし，大多数の事業場では，人事担当者の仕事です。だけど読者が人事部門なら実感することがあるはずです。人事部門はラインの管理監督者に業務命令権はないし，説明を

第12章　面接指導，意見聴取，措置の実施と解除

行うといっても，「相手の方が，立場が上」ということもしばしばですから，ケース5-3のように遠慮があるのは当然です。

・図5-4　「了解、連携、理解促進」

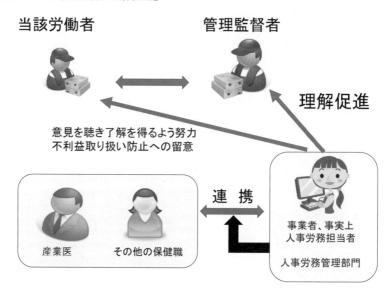

　人事担当者が当該労働者の了解を得て，産業医などと連携し，当該管理監督者の理解を促進するのは本当に大変です（図5-4「了解，連携，理解促進」参照）。いっそのこと，人事担当者，本人，産業医との打ち合わせに管理監督者が入ればいいとお思いでしょうが，さすがに本人にはプレッシャーでしょう。

　本人の了解が得られれば，人事担当者，管理監督者，産業医で打ち合わせをし，就業上の措置の実行を確約すべきでしょう。就業上の措置の目的及び内容等について理解が得られるよう必要な説明をするのは，人事担当者よりも専門家である産業医がした方が早くて正確です（図5-5「三者打ち合わせと二者打ち合わせ」参照）。

・図5-5 「三者打ち合わせと二者打ち合わせ」

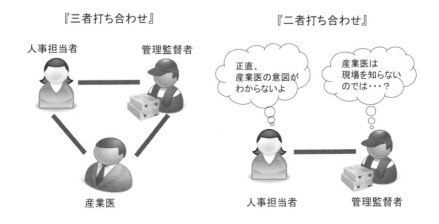

▶2.5 プライバシーより安全配慮義務が優先される

　以上のような難しさはなぜ生じるのでしょう？
　それは，本制度はプライバシー保護を重視しているからです。本制度の問題点として，事業者という主語はほとんどの場合，実質的に人事担当者であって，管理監督者ではないことです。いいかえるとメンタルヘルス指針で重視していた管理監督者によるラインのケアが本制度には出てこないことです。就業上の措置こそまさにラインのケアなのに。
　一方，前述したように，本制度下で就業上の措置として残業が制限されるのは，普通の社員にとっては理屈ではわかっても嫌なことです。うつ病と診断され，主治医から診断書が出れば仕方ないですが，＜未然防止のため＞では納得できないこともあるでしょう。当然，上司には知られたくないし。

第12章　面接指導，意見聴取，措置の実施と解除

　正直に言うと，厚労省の指針は配慮しすぎだと思います。残業制限を乱発する産業医は困りものですが，いったんそれが出たとなれば，メンタルヘルス不調という結果を回避する義務が事業者には生じます（予見可能性と結果回避義務）。本人（当該労働者）をしっかり説得し，上司（当該管理監督者）の理解が得られるよう，人事担当者－管理監督者－産業医の三者打合せをすべきでしょう。プライバシーを配慮するあまり，ラインのケアに不具合をおこすわけにはいきません。しかも，部下の体調を一番把握する機会があるのは上司で，安全配慮義務の履行者も上司です。人事担当者が日常的に当該労働者に体調を尋ねるのは，かえって問題ですから。

3．措置の実施と解除

▶3.1　実施の確認

　ケース5－2と5－3で述べたように，残業制限でも社員と上司の双方に大きな負担が生じます。部署によっては，意見書とかけ離れた実施になる場合もあるので，人事担当者は就業上の措置の進捗状況を確認する必要があります。

▶3.2　措置の解除

【指針】
　また、就業上の措置を講じた後、ストレス状態の改善が見られた場合には、当該事業場の産業医等の意見を聴いた上で、通常の勤務に戻す等適切な措置を講ずる必要がある。
（下線は筆者）

　下線部分の産業医の意見を聴いた上でというのは，産業医が当該労働

者との面接を通じて，とまでは書いていないと解釈できます。

　病院やクリニックなどでの保険診療については医師法により無診察診療は禁止されていますが，産業医が行う保健活動にはそのような禁止規定はありません。そうでなければ解除をするまで，月に１回程度は面接指導を繰り返すことになります。

　確かに実施マニュアル「面接指導結果報告書及び事後措置に係る意見書（例）」のように，措置期間欄に次回面接予定日が記されていますが，報告書・意見書マニュアルには，措置期間の欄だけで次回面接予定日の記載はありません。面接指導の方法にマニュアルごとの差があるのは困りものですね。

　ここで，いったいどの面接までが本制度の枠内で行われるべきかを定めないと，外部機関の医師がこれを行う場合，事実上，事業場の産業医のようにふるまう結果になりかねません。

　措置の継続や解除については次の13章に述べております。

　実は，ストレス状態の改善については産業医にとって悩ましい判断なのです。正直に書けば，筆者は解除についてはマニュアル化できません。

　なぜなら，ストレスのない人なんていません。そして未然防止にはストレスの低減だけでなく高ストレス者の考え方や行動のパターン（認知行動）が変わることが不可欠だからです。認知行動を改善できる人材がカウンセラーなのです。ちなみに，職業性ストレス簡易調査票の開発者の一人である川上憲人先生は認知行動療法をｅラーニングで実施する研究を行っています。

参考文献

川上憲人　マンガを使った認知行動療法 eラーニングにより働く人のうつ病を1/5に減らすことに成功　http://www.m.u-tokyo.ac.jp/news/admin/release_20150113.pdf

第13章　本制度の課題と対策

　さて，本制度のもつ問題点を述べます。法制化されるまでには紆余曲折がありましたが，日本産業衛生学会の政策法制度委員会メンタルヘルスワーキンググループは，当初本制度の法制化に反対していたのです！！

参考文献）事業場におけるストレスチェック制度の義務化に関する検討結果（中間報告）
https://www.sanei.or.jp/images/contents/269/InterimReport_MHWG_stress_check.pdf

　このグループの委員には，厚労省のストレスチェック制度に関する検討会の委員である川上憲人教授をはじめとしたメンタルヘルスの著名な研究者が何人も名を連ねています。研究者らの指摘の最大のものは，「ストレスチェック制度に関する科学的根拠の不足と運用上の不安」でした。今でも専属産業医の中には本制度の批判をする人も少なくないのですが，前向きに行くべきだと筆者は思います。

　以下では対策あるいは強化策について触れますが，法と指針に合致したものであることは言うまでもありません。ただし，類書とは異なったコンセプトで嘱託産業医の事業場向きです。本制度については様々な公的文書があるのですが，ちなみに筆者が重視するのは厚労省の指針とＱ＆Ａです。本当に意味深い含蓄のある，役立つ文章です。

　繰り返しになりますが，「労働安全衛生法に基づくストレスチェック制度実施マニュアル」は専属産業医の事業場向きです。

1. 高ストレス者とはどんな人？

そもそも高ストレス者ってどんな人でしょうか？「不調者」ならわかりますよね。医学的にはストレス反応が高い人をいいますが，本来は実施者が定義すべきものです。

▶1.1　低ストレスなら発病しないのか？

実は，ストレスチェック時に高ストレスでなくても，その後発病する人は少なからずいます。和田氏らの論文によれば，ある企業でのストレスチェックの受検者1810名（男性1362名，女性444名）を1.8年間追跡調査した結果，14名のうつ病による休業者が発生しました。心理的ストレス反応上位25％では439名中7名が休業（約63人に1人），下位75％でも1371名中7名（約196人中1人）が休業したのです。高ストレス者での発病の確率が高いのは当然ですが，低ストレスでも少なからず発病する。というわけで，ストレスチェックの目的は早期発見ではなく未然防止ということがお判りでしょう。

参考文献）Wada K, et al PROS ONE 2013 8（2），e56319

▶1.2　高ストレスと判定される人

高ストレスと判定される人の内訳を考えてみましょう（図6-1「高ストレスと判定される人」）。へとへとで，不安だ，憂うつだ，などという高ストレス状態に記入するのは次のような人たちです。

A　一時的な疲労状態の人
仕事の山場を迎えたビジネスパースンならば，ストレス状態は多かれ少なかれ誰もが経験するわけで，正直な人なら記入＝入力するでしょう。

第13章　本制度の課題と対策

実はこれが最も多いのです。

B　予備軍の人

不安や憂うつが強いだけでなく不眠症も加わり，現時点では何とか仕事をこなしているけれど，まだまだ山場が続く場合は不調の予備軍かもしれません。

C　発病者

不安が余りに強く，いても立ってもいられず，動悸や息苦しさ，手足のしびれもある発作で仕事に支障が出ている場合は，たとえばパニック障害というメンタルヘルス不調でしょう。

・図6－1　「高ストレスと判定される人」

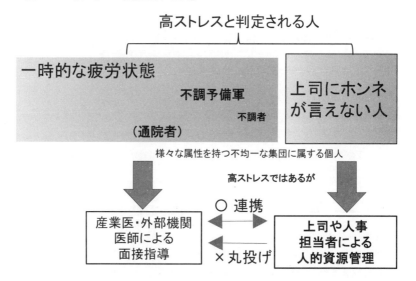

D　メンタルヘルス不調による通院者

指針には「メンタルヘルス不調で治療中のため受検の負担が大きい等の特別の理由がある労働者にまで受検を強要する必要はないため，（以下略）」という記載があります。

通院中の人は受検不要と衛生委員会で決定すると，かえって通院を知られたくない人は受検するでしょう。治療途中で素直な人なら，高ストレスと判定されます。

E　上司にホンネが言えない人
　これらA〜Dに対応し就業上の措置をするのが産業医の仕事です。半面，何かの意図や目的があって調査票に記入する人がいても不思議ではないし，不当でもありません。
　どこの事業場にも上司との関係に悩む部下（時にはその逆）はたくさんいます。

　<u>上司とのコミュニケーションが苦手で，評価を気にして自分のホンネを出せない人</u>は『ひょっとして，ドクターなら，自分の思いを聴いてくれるかもしれない，いや是非，この苦悩を聴いて欲しい。上司には話せないから』と思うでしょう。実は，このEにあたる人が一定数いることが予想されます。
　健康管理室などのようにプライバシーが保てる場所で，面談能力が高い産業医がいる事業場（要するに専属産業医の事業場）では，「医師に話を聴いてほしい人」は決して少なくないはず。
　上司とうまくやっていけない人の中には，『おっ！就業上の措置の中には作業の転換というのがある。産業医に頼めば異動させてくれる？！』という人がいるかも。
　医師がそんな就業上の措置を安易にとると大変なことになります。そこまでいかなくても次のようなケースがあります。

第13章　本制度の課題と対策

・ケース6　上司の支援不足？！

　入社6年目のシステムエンジニアの溝口翔太さん（29歳男性）は、今年初めてプロジェクトリーダーになりました。課長の評価は、「若いけれど高い技術力の持ち主」というもの。

　本人もやる気満々でしたが、いざやってみると実に大変です。自分より年上のプロジェクトメンバーや、派遣のプログラマーなどにちゃんと働いてもらう必要があるから。残念なことにそのプロジェクトのメンバーになった人は、あまり熱心ではなかった。

　溝口さんは、優しい人柄の持ち主でした。相手を気遣うあまり、いうべきことも言えず、納期に間に合わせるためには、結局自分が背負い込むことがたびたびで、プロジェクトも遅延していきました。

　溝口さんは、以上のことを早めに課長に相談すべきでしたが、「課長も超多忙であり、迷惑をかけたくないし、プロジェクトリーダーだから自分の責任で問題解決をすべき」と問題を抱え込んでいったのです。やがては寝つくのに30分から1時間かかるようになりました。

　そんな頃、ストレスチェックがあり、正直に入力したところ、面接指導の対象者となったので、素直に申出たのです。

　産業医は優しい人で、溝口さんの話をよく聞いてくれましたし、むやみな措置はせず、1か月後再面談としました。もちろん不眠が悪化する場合は、心療内科に受診するよう、紹介状も渡してくれました。そして産業医は報告書・意見書に「周囲、とりわけ上司の支援が不足している」と書きました。

　この報告書・意見書を読んだ上司の課長は驚きました。

　「どうして溝口君は私に相談しないで産業医に言ったのだろう？それにしても産業医はひどいな。自分はいつも溝口君のことを気にかけているし、会議でも彼の話を聴いて対策も打っていたのに。上司の支援が不足していると思われるのは心外だ！」と。

　課長は制度担当者の総務課長に相談しました。幸い総務課長はよくわかっている人で、「溝口君は自分で抱え込むタイプだからね。もっと彼には声をかけた方が良いのでは」と的確なアドバイスがもらえたのです。

（解説） 実は，専属産業医の事業場ほど，管理職の産業医への不満が多いのです。産業医面接の種類に関わらず，自分の部下が産業医に呼ばれたと思えば気になるはずです。しかも，産業医に話していることを自分には報告していないとなれば，部下への不信と産業医への不満が生まれるのは当然です。

したがって149頁の三者打合わせという方法がベターと言えますが，本人の承諾を書面でとって，承諾のサインをもらうことも必要です（図6-2「承諾書」）。

・図6-2「承諾書」

> 本日の産業医面接で、産業医の（山下美緒）は、社員（溝口翔太）さんの残業時間を月当たり40時間以下にする意見書を書きました。
>
> しかし産業医には業務命令権がなく、当然のことながらこの措置を決定するのは上司の課長です。そこで産業医は、あなたの不利にならないよう、高ストレスの具体的内容などは明らかにせず、上司と総務課長で打ち合わせをしたいと思います。
>
> 　　　　　　　　　承諾されたらサインをお願いします。
>
> 　　　　　　　　　　　　　　　　　　平成28年11月9日
> 　　　　　　　　　　　　　　　　　　署名　溝口翔太

実は，このようなケース，上司に迷惑をかけたくない，ホンネが言えないというコミュニケーションが苦手な人は，中長期的には発病の予備軍ですが，みかけは真面目でタフを装うので上司や人事担当者に見過ごされがちです。

一方，本質的には医学的対応が不可欠というのではなく，アサーションなどのコミュニケーション教育によって修正（育成）できるものです。

これは事業者がすべきことで，本人にコミュニケーション能力が備わ

第13章　本制度の課題と対策

るように人材育成する人事部門の課題です。<u>人材育成の課題を保健医療の課題と取り違えると面倒</u>なことになります。病気でもない人が産業医面接を受け，時には心療内科で睡眠薬などを飲む羽目になります。

しかし，逆の場合もあります。

> **重要な注意！**
>
> 　実際には高ストレスで予備軍もしくは不調者なのに、それを事業者などに察知されたくないので、正直な記入をしない場合もあり得ます。そのような人のために相談窓口を設置するのが良いでしょう。予算がなければ厚労省「こころほっとライン」の使用が良いためストレスチェック規定に盛り込みましょう（図6-3「相談窓口」）。

・図6-3「相談窓口」

こころほっとライン
メンタルヘルス不調や過重労働による健康障害に関する電話相談窓口「こころほっとライン」
今後、厚生労働省では、「こころほっとライン」の活用推進に向けて、周知に取り組んでいきます。
【専用ダイヤル】0120-565-455（通話料無料・携帯、PHSからもご利用いただけます）
【 受付日時 】月・火／17:00～22:00、土・日／10:00～16:00（祝日、年末年始を除く）
【 対象者 】労働者やその家族、企業の人事労務担当者など

規定に入れましょう！

▶1.3　課題の取り違え

　再三述べましたように，不調者や予備軍でなくても，高ストレスになりますが，当該労働者に「上司に報告，連絡，相談をもっとしましょう」と指導するのは誰がやればいいのでしょうか？

　本来は人事担当者ですが，当該労働者の見かけは高ストレス者なので医学的課題と思い「産業医や外部機関の医師がやるべきこと」と勘違いしがちです。高ストレスの原因が当該労働者にあっても，人事担当者にそれが伝わらなければなおさらです。従って，＜ホンネが言えない人の存在＞は医師や産業医の共通認識になっている必要があります。

　しかし，職業性ストレス簡易調査票はこのような労働者側の要因（コミュニケーション・スタイル，認知・行動の特性）の測定はできないツールですので，＜ホンネが言えない人＞は面接指導医が見落とす恐れもあります。

▶1.4　ホンネが言えない人は支援が受けにくい

　職場は学校ではないので，上司は仕事のやり方を手取り足取り部下に教えるとは限りません。何もかも判らない新人だけでなく，高い地位の管理職でも，上司に相談や質問を行うのは基本的に本人の意思に基づきます。

▶1.5　「支援」はコミュニケーションと読みかえる

　本制度では，支援という用語がたびたび出ますが，当該労働者自身も積極的に上司や同僚にコミュニケーションをとって成り立つものです。

第13章　本制度の課題と対策

従って，支援という言葉に違和感を持つ読者は，コミュニケーション（報告，連絡，相談）と言い換えましょう。そして，くれぐれも人事担当者がラインの管理職について誤解しないようにしましょう。

２．本制度の矛盾　個人情報と未然防止

▶2.1　個人情報の取り扱い

　残念ながら働きやすい職場をめざした職場環境改善は努力義務になってしまいました。ですから初年度では，集団分析と職場環境改善は実施しないことにしても法的義務は果たせます。その場合，未然防止を優先して行うわけですが，ここに個人情報保護が重しになってきます。
　図６－４「本制度の矛盾　個人情報と未然防止」のように，

・図６－４「本制度の矛盾　個人情報と未然防止」

B　面接指導での未然防止に医学的根拠なく、早期発見を目指しがち
⇒目的から逸脱

個人情報を重視しすぎれば事業者は安全配慮義務が果たせない根本矛盾におちいる

未然防止　早期発見　個人情報

A　個人情報保護の軽視は正直な検査にならず
⇒制度が成立しない

C　早期発見にこだわれば個人情報が軽視される

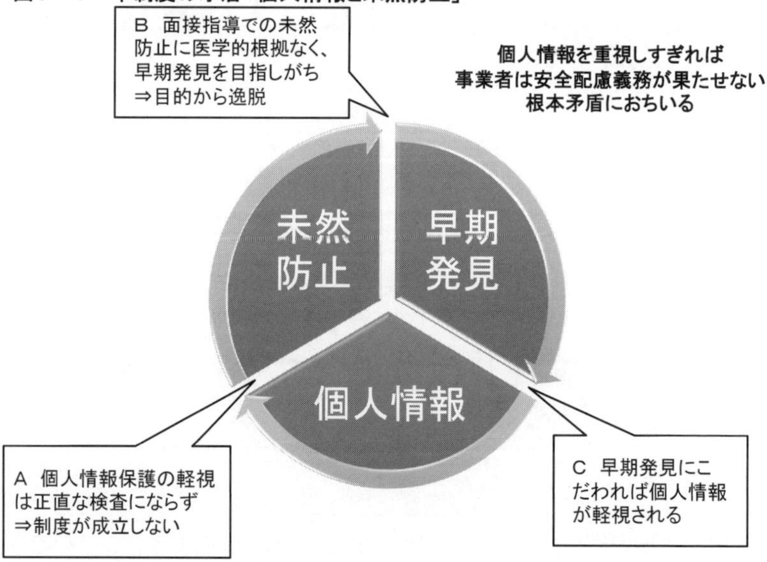

A　個人情報保護を軽視すれば，受検者は正直な記入（入力）をしなくなり，未然防止が十分果たされなくなります。そうならないように，個人情報保護に配慮をするのですが，
B　就業上の措置によって未然防止ができるか否かについては明確な医学的根拠がないのです。したがって，高ストレス者の早期発見に注力せざるを得ません。
C　しかし，早期発見にこだわって，面接指導の対象者に対し申し出るよう，メール等でしつこく勧奨すると問題が生じがちになります。

　つまり，11章で述べたように，指針における「なお，ストレスチェックを受けた労働者が，事業者に対して面接指導の申出を行った場合には，その申出をもってストレスチェック結果の事業者への提供に同意がなされたものとみなして差し支えないものとする。」という文章の通りにすれば，当該労働者にとって，ストレスチェック結果という極めてセンシティブな個人情報が保護されないと感じがちになる。ここでいう事業者は，当然，人事担当者と当該管理監督者の双方ですから，『医師に相談したいけど，憂うつがどうだ，不安がこうだ，などは上司に知られたくない』となって，＜ホンネが言えない人＞ほど申出を控えるでしょう。

▶2.2　対策案　全労働者の結果を事業者へ情報開示しない

　ストレスチェック結果の提供に関する同意の取得については，たいていの読者は「面倒だよね～」と思うでしょう。問題はここからです。事業者がストレスチェック結果を把握することについて，読者はどんな立場ですか？

第13章　本制度の課題と対策

□A　法律や指針での縛りがあるが、事業者が多額の費用をかけてストレスチェックを行うので、面接指導の申出をした人だけでなく、せめて高ストレス者については、極力多くの同意を取得したい。

□B　ほとんどの受検者は結果の提供なんかしたくないはず。自分だってそう。だけど安全配慮義務上、面接指導を希望したら、結果の提供も仕方がないよね。

□C　ウチの会社は個人情報の取り扱いにうるさい社風。トラブルを起こしたくないから、全受検者のストレスチェック結果は提供しないと決めたい。でも自殺でも起きたら責任を問われるし、ああ面倒くさい。

注）メンタルヘルス関連の個人情報の取り扱いについては、メンタルヘルス指針では衛生委員会で審議のこととなっています。

　嘱託産業医の事業場では，結論からいうと厚労省の「こころの耳」のQ＆A　Q8－1にあるように『全労働者の結果を事業者へ情報開示しない』のがベターです。

Q8－1　ストレスチェック結果については、全労働者の結果を事業者へ情報開示しないことを事業場で取り決めてもよいのでしょうか？
A8－1
事業場の衛生委員会等で調査審議を行った上で、事業者は個々人のストレスチェック結果を把握しないこととすることは可能です。この場合は、労働者の同意を得る手続きは省略することができます。

筆者は本当にこのQ＆Aを作った人は素晴らしい方だと思います。

▶2.3 結果を事業者へ情報開示しないリスクは大か？

　以上のようなことを書くと，弁護士や社会保険労務士の読者には異論があるはずです。職場の安全と健康に詳しい安西 愈弁護士は，ある最高裁判決を例に本制度の導入とともに産業医の立場と責任が変容するという危機意識をもった論文を書いています。

　「（前略）…産業医は会社と一体であり，産業医が問診等で把握したことが従業員の健康管理等につき，会社に勧告しうる産業医に対して伝えた事実は会社も認識し得る状況にあるので，中略，このように最高裁判決は産業医と会社の一体化を前提としているのであるが，今回の改正労働安全衛生法（筆者注　ストレスチェック制度のこと）においては，これらの責任について一体化を遮断する方向の改正が行われた。」

　さらに安西弁護士は，「ストレスチェック制度に関する検討会報告書」から次のような引用をしています。「これまでは，労働安全衛生法に基づいて事業者が取得する労働者の健康情報を産業医との間で共有することに関し，法令上の制限はなかったが，ストレスチェック制度においては，産業医がストレスチェックの実施者となり，受検した労働者が事業者への結果の提供に同意しなかった場合は，ストレスチェックの結果は産業医と事業者の間で共有することができなくなるため，これまでとは異なる産業医と事業者の関係が生じうることになる。…中略…産業医としての法的リスクの立場より，企業からもなぜ就労上の就業上の措置に必要な情報の提供がなかったかという責任追及もありうるので，産業医と企業との関係を契約や規定化によってはっきりと定めておくことが必要になる。」

　参考文献）安西 愈「産業医の立場と責任」（月刊総務2015年5月号　28頁）
　下線は筆者による。

第13章　本制度の課題と対策

　確かに安全配慮義務の法理では，事業者に予見可能性が生じた場合，結果を回避する義務があります。すなわち就業上の措置によって，未然防止を行う義務が事業者に発生します。しかし，ストレスチェック結果そのものは，事業者にとって予見可能性をもたらす健康情報でしょうか？　これは，前述の「1.2　高ストレスと判定される人」で述べましたように，色々な状態（単なる疲労状態から通院者，本音が言えない等）が含まれます。身体に関する健康診断結果票に比べて，はるかに予見のための価値が乏しいと，筆者は思います。それどころか，ストレスチェック結果によっては，誤った予見可能性も生じます。

　言い換えると，ストレスチェック結果そのものは，健康情報としてはノイズの多い，不確かな情報です。したがって，職業性ストレス簡易調査票は不調者の早期発見のためのツールではないのです。

　しかし，<u>面接指導を行った医師の報告書・意見書は予見可能性のための極めて価値ある情報なので，これは絶対に事業者に提供すべきもの</u>です。医師が当該労働者について事業者に意見を述べる場合，法や指針のどこを見ても，当該労働者の同意を得るべし，など書かれていません。

　ストレスチェック結果と就業上の措置に関する医師の意見（書）・報告（書）とは質的に異なるものなのです。したがって，全労働者の結果を事業者へ情報開示しない決定をしても，意見（書）・報告（書）を事業者にきちんと提供すれば，企業からもなぜ<u>就労上の就業上の措置に必要な情報</u>の提供がなかったかという責任追及は起こりえないのです。

▶3．どこまでがストレスチェック制度？

　指針では就業上の措置後はどこまで本制度の枠組みで行うかについての記載はありません。ただ，前掲の「当該事業場の産業医等と他の産業保健スタッフとの連携」などが書かれているだけです。前述したように実施マニュアルと報告書・意見書マニュアルでは，やや見解が違うと思われます。前者では，解除が終わるまでが本制度の枠組み内で行われるべきで，継続や解除には医師の意見を必要とする印象です。後者では，措置期間しか書かれていないので，継続や解除の条件として，医師面接

はかならずしも必要としない印象です。

　嘱託産業医の事業場では，面接指導を外部機関に委託しようがしまいが，医師面接の件数は専属産業医の事業場に比べて，はるかに頻度が少ないものです。したがって，以上のように厚労省の指針や報告書・意見書マニュアルを検討すれば，嘱託産業医の事業場においては本制度における医師による面接指導は1回限りとして，あとは事業者が電話やメールなどで産業医等（事業場内の産業医を含む）と連携し継続や解除の判断をすればよいと考えられます。

　その後何らかの必要が生じて，産業医が当該労働者と面接を行ったとすれば，それは本制度の枠組みの外，すなわち通常の就業規則や私傷病休職規定にもとづいてなされるものと筆者は考えます。そうでなければ，専属産業医の事業場やスキルの高い嘱託産業医の事業場で長年にわたって構築してきた職場のメンタルヘルスケア体制の中で，ストレスチェック制度だけが突出してしまいます。指針はそう書いてはありません（図6－5「ストレスチェック制度の位置づけ」）。

　本制度において就業上の措置を講じた人で，措置を解除するまで本制

・図6－5「ストレスチェック制度の位置づけ」

> 事業者は，メンタルヘルス指針に基づき各事業場の実態に即して実施される二次予防及び三次予防も含めた労働者のメンタルヘルスケアの総合的な取組の中に本制度を位置付け、メンタルヘルスケアに関する取組方針の決定、計画の作成、計画に基づく取組の実施、取組結果の評価及び評価結果に基づく改善の一連の取組を継続的かつ計画的に進めることが望ましい（指針から　下線は筆者）。
> ＊平成18年3月31日　労働者の心の健康の保持増進のための指針

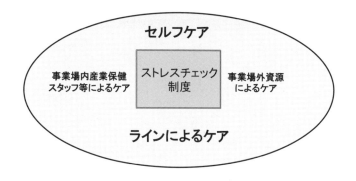

第13章 本制度の課題と対策

度の枠組みの中で対応すべきとしたら次のような問題が生じます。例えば，同じうつ状態という診断書が出て，残業禁止の措置を受けた社員が二人いるとしましょう。Aさんは9月1日のストレスチェック受検で面接指導の結果，受診指導も受けて措置が下った。一方，Bさんはストレスチェックを受ける1か月少し前の8月5日に心療内科に受診して，診断書が出て，通常の産業医面接で残業禁止の措置となりました。

Aさんはストレスチェック制度下の対応なので不利益取り扱い禁止の対応を受け，Bさんは通常の私傷病休職規定が該当されるとして，両者に不公平が生じる可能性は無きにしも非ずです（図6－6「本制度の内外で生じる不公平の可能性」）。

・図6－6「本制度の内外で生じる不公平の可能性」

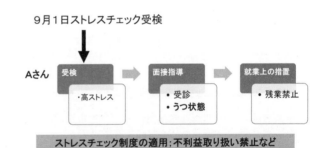

4. 過大な産業医への負担　リスク対策

本制度では，産業医への訴訟リスクが高まるのではないか？
産業医の不法行為に関わる損害賠償請求訴訟が増えるのではと，産業医は懸念しています。

▶ 4.1　現役産業医の懸念

筆者の友人の山本誠産業医が次のような懸念を表明していました。彼自身の回答は弁護士から見ても妥当なものでしたが，読者も考えてみましょう。厚労省のあの素晴らしいＱ＆Ａの末尾に回答がありますが，人事担当者や産業医から見て安心できるものではありません。

（１）高ストレス者および医師面接対象者は各社毎に決めて良いことになっているが，医師面接対象者を少なく選定し，対象者外から，自殺者が出た場合，ストレスチェックの医師面接対象者としなかった判断に対する安全配慮義務違反を問われることはあるか？

（２）医師面接対象者に医師が面接し，通常勤務となっていたが，その判断の根拠があいまいで，その後当該社員が自殺した際，会社はいい加減な医師の意見書を信じたことを理由に安全配慮義務違反が問われるか？
（企業はきちんとした医師を選ぶ必要があることが重要視されるか，それは当該事業所の産業医であればOKか？）

（３）上記（２）の場合で，会社が遺族から損害賠償請求をされ，敗訴した場合，企業は産業医に対して，損害賠償請求を起こすことは可能か？

ありうるケースとして，面接指導と就業上の措置とともに，受診指導もした労働者が，その3週間後に自殺したというようなものです。人事

担当者と産業医の双方に激震が走り、何のための本制度か？となりえましょう。しかし、精神科臨床医にとって、否、あらゆる医師にとって人間の死は起こり得るもの。

一方、ストレスチェック制度の結果、未然防止とともに早期治療も進むでしょう。従来は人事担当者や産業医が関与しなかった、全くノーマークの自殺や事故等が、今後は本制度を通じ、何らかの形で人事担当者・産業医への関わりが出てきます。

裁判になること自体が嫌ですよね。でも訴訟を行う権利は誰にでもあります。

▶4.2　徹底した記録とサイン

事業場によっては、産業医の意見書を本人に口頭で通知するところもあって、職場側、労働者側、あるいは双方において誤解を生じる恐れがあり、「産業医は言った」「いや言わない」などのトラブルの原因にもなりかねません。これを防ぐために、意見書などは書面で本人に手渡し十分な説明の上、本人が確認した証拠としての署名を求めることが、今後は必要になります。筆者が7年前に、メンタルヘルス不調者の職場復帰に関わる意見書などを口頭で通知・説明する事業場を調べたところ、一部上場企業で専属産業医の9事業場中5事業場もありました。

参考文献）鈴木安名「職場復帰支援における就業上の措置の通知方法をめぐって」（産業精神保健誌　18（1），2010 ，66-68頁）

要するに報告書・意見書の書式も大切ですが、ここには改善が必要です。この報告書・意見書について<u>本人が確認した</u>というサイン欄があった方がよく、コピーを本人に渡すべきです。筆者は総ての面接について、これを実施しています。嘱託産業医として、ある事業場で年間800枚以上の書類を交付していますが、サインを拒まれたことは一度もありません。

たとえば、残業を月20時間以下に制限をして、心療内科に紹介状を

報告書・意見書の本人確認欄（例）

面接指導結果報告書

対象者	氏名		所属	
			男・女	年齢　　　歳

勤務の状況 （労働時間、 労働時間以外の要因）	

心理的な負担の状況	（ストレスチェック結果） 　A.ストレスの要因　　　　点 　B.心身の自覚症状　　　　点 　C.周囲の支援　　　　　　点	（医学的所見に関する特記事項）

その他の心身の状況	0. 所見なし　　1. 所見あり（　　　　　　　　　　　　　）

面接医師判定	本人への指導区分 ※複数選択可	0. 措置不要 1. 要保健指導 2. 要経過観察 3. 要再面接（時期：　　　　　　　） 4. 現病治療継続　又は　医療機関紹介	（その他特記事項）

就業上の措置に係る意見書

就業区分	0. 通常勤務　　1. 就業制限・配慮　　2. 要休業		
就業上の措置	労働時間の短縮 （考えられるものに○）	0. 特に指示なし	4. 変形労働時間制または裁量労働制の対象からの除外
		1. 時間外労働の制限　　　　時間／月まで	5. 就業の禁止（休暇・休養の指示）
		2. 時間外労働の禁止	6. その他
		3. 就業時間を制限　　時　　分　～　　時　　分	
	労働時間以外の項目 （考えられるものに○を付け、措置の内容を具体的に記述）	主要項目　　a. 就業場所の変更　b. 作業の転換　c. 深夜業の回数の減少　d. 昼間勤務への転換　e. その他	
		1)	
		2)	
		3)	
	措置期間	日・週・月　又は　　年　月　日～　　年　月　日	
職場環境の改善に関する意見			
医療機関への受診配慮等			
その他 （連絡事項等）			

医師の所属先		年　　月　　日（実施年月日）	印
	医師氏名		

上記報告書と意見書について、確認をしました。
平成○○年△△月××日　　　　　　　　　　社員確認氏名

（厚労省「長時間労働者、高ストレス者の面接指導時に関する報告書・意見書作成マニュアル」より）

第13章 本制度の課題と対策

書いて受診指導をしたのに，受診前に自殺したというケースを考えます。そして，何かの事情で紹介状は本人が廃棄したとします。遺族は，産業医が適切な受診指導をしていなかったと主張することも可能です。その時，「紹介状を交付したという報告書・意見書に，ご本人がサインをした証拠がありますよ」となれば，話は変わってきます。

▶4.3 業務命令書

たとえば月40時間未満に残業を制限され，事業者も配慮をしたのに，本人の都合で遅くまで残って不調となり労災が認定された事案があります。そこまでいかなくても，体制を整えたのに帰ろうとしない社員が時々います。事業者も本人についつい甘えて「居残るのも見てみぬふり」というケースも。事業者（ここでは上司）が残業を制限したという業務命令書を作成し，本人にサインをもらい会社が保管するという，記録とサイン方式が重要になってきます。

事業者が言った，言わないで水掛け論にならないようにしたいものです。

第14章 集団分析と職場環境改善など

本来，職業性ストレス簡易調査票は職場環境改善を主な目的として開発されたものです。

13章で解説したように未然防止ばかりを目指して行くと，結局早期発見にこだわり過ぎて袋小路に入るのが本制度の罠です。

▶1．集団分析結果は安易に公表しない

体系的な職場改善の手法としては，厚労省「こころの耳」に詳しく出ている，職場環境改善のためのヒント集があり，とてもわかりやすく解説されています。ただし，集団分析結果の事業場内での伝え方に大きな課題があります。

経営陣が集団分析結果に大いに関心を持ち，それを部課長たちの通信簿として眺める場合もあります。経営陣は個々の高ストレス者の状況より管理者のマネジメント，特に職場の支援状況に関心を持つものです（ケース6参照）。筆者が知りえた2つの専属産業医の事業場で，部課長を集合させ，部課ごとの集団分析結果をさらし，コンサルタント会社が改善策を提示したのでした。高ストレスや総合健康リスク度の高い部や課の管理者は，当然のように腹を立てたのです。

部長「ウチの部には休業者はいないのに，やたらと責められるのはなぜ！」
コンサルタント「生産性の向上も含めて，組織のストレス対策が必要です」

これでは部長と部への侮辱ですね。

　職場改善の体制が整っていない嘱託産業医の事業場では，本制度開始後1～2年間は，努力義務の集団分析・職場改善は遠慮した方が良いかもしれません。

▶2．部課長・産業医カンファレンス

筆者が実際に行っている，未然防止と職場改善の中間の位置になる有効なツールを紹介します。

部課長・産業医カンファレンス

参加者：当該労働者の部長と課長、産業医、人事部門の部長（総務部長）
回数：月に1回　当該労働者につき1人10～15分
当該労働者：長時間残業者の面接をはじめとしたあらゆる産業医面接で、体調が不良な人、仕事のトラブルを抱えている人、コミュニケーションが苦手で仕事を抱え込んでいる人など、産業医が気になった人で、情報を事業者に開示することの了解を書面で得た人。

方法：産業医が2～3分当該労働者の実情を報告し、当該部課長や総務部長たちが対策を協議します。

例）
産業医　「○○課の中村さんは、お客からの不適切なクレームで悩んでいます。本人や会社には大きな問題はないのですが。軽い不眠症で受診指導や就業上の措置は不要ですが、気になるので報告しました。」

> 部長　「本人からなんとなく聞いていましたが、不眠症になるくらい悩んでいたとは…彼は良い人過ぎて、お客の要求をうまくかわせないのかも。」
>
> 課長　「その会社を、以前担当していたのは、隣の課に異動した山本君で、彼ぐらいの図太さがあれば。」
>
> 総務部長　「中村さんにそれを求めるのは、無理かも。」
>
> 部長　「私がもう少し本人から話を聴き、山本君は余裕があるので、彼を中村君のサポートに付けます。」
>
> 産業医　「さすがは部長ですね。中村さんもほっとするでしょう。」

(解説)
人事担当者と部課長がストレスの背景を検討し，最終的には部長がその権限において，課長の行う高ストレス者の業務調整をサポートします。従来，いわゆるラインのケアというのは課長格の管理者が高ストレス者や休業者等の業務調整を行うことを言いました。しかし，現代の課長は膨大な業務を抱え，本来業務である

A　メンタルヘルス対策（ラインのケア）どころか
B　労働時間管理もままならない

状況です。だからこそ，より上級の部長が課長をサポートする，見守るということが，ストレスチェック時代のラインのケアに不可欠なのです。

　仕事上の悩みを管理者にはなかなか伝えられない人＜ホンネが言えない人＞（ケース6参照）は最近，増えています。こういう人に，「部課長や総務部長と産業医で対策を協議します」と言ったら，産業医の提案に抵抗する人もいるのではないか，と思われる読者もいるでしょう。

でも筆者は，以下のように説得します（同意を得るのではなく，説得です）。この方法で，2年間でのべ200人のカンファレンスを行いましたが，当該労働者の拒否は1人もいませんでした。

当該労働者説得術

あなたの仕事の悩みを助けてくれるのは、誰ですか？
産業医には人事権はありません。総務部長も意見を述べるだけです。不眠対策は睡眠薬を飲むことではなく、あなたの悩みの問題解決ですね。
睡眠薬で問題解決ができたら大変です！

何よりもあなたをサポートできて、その義務があるのは課長や部長ですよね。
部長まで話がいくのはどうも、と思うかもしれませんが、あなたの体裁、メンツよりも仕事の方が大事ではないですか？　それに部長なら、行動も早いでしょう。

この方法を2年前から用いて，メンタルヘルス不調者や休業者の発生頻度が減っただけでなく，仕事上の不具合も未然防止できるようになり，経営管理上も成果が出つつあります。また，人材マネジメントに慣れていない若い課長にとって，その場で部長の判断を学ぶことで管理能力の増大にもつながります。

なにより，管理者の人材マネジメント，いいかえれば事業者のマネジメントが不眠症の悪化を防止するのであって，睡眠薬ではありません。

鈴木・増田　対談

本書の刊行に際して，執筆者による対談を行った。
外部機関の実態，産業医の役割，ストレスチェック制度の問題等について解説いただいた。

▶本書は本当に実務的です

鈴木：産業医と人事の連携について（の解説）は，他の類書と比べても（本書には）自信があるんですよね。それは（私が）ずっと人事のお客様相手に産業医の問題点を究明してきたものですから。

増田：指針についても本書には沢山盛り込まれていますね。

鈴木：（例えば本書に挿入した169頁様式例について）これは単に「サイン欄を設けましょう」ということなんです。これについては，7,8年前に私が論文に書いたときに調査したら，産業医意見書を本人に渡さないんですよね。こういう意見を出したというサインも（本人から）もらっていないので，（例えば自殺の例では）受診指導を行って紹介状を渡したのに自殺をした，しかも紹介状を破棄されていたときのために，労働者本人が紹介状を受領したという証拠，すなわち，サインをもらっておくことが非常に大事だと思っています。

　本人のサイン欄や確認欄が不可欠です。当然，情報提供として本人に開示すべきなので，コピーを本人に手渡すというのが筋ですよね。しかし，産業医に対する訴訟については，厚労省のQ＆Aではつれない書き方をしています。やはり産業医と会社が身を守るなら，サイン欄・確認欄というのが大事だということです。前述の調査では9社中5社くらい，サインなんかしないで，メンタル休業後の職場復帰，復帰部署や就労形態について，本人と口頭でやり取りして，後でトラブルになっていることってあるんですよね。何で書面にしないのかって思います。合意書みたいな形でとか。

▶外部機関の実態とは

鈴木：（本書に挿入した東京経営者協会の調査をみて）結局（企業は）実施者で困っているんです。だけど何のことはない，外部機関とは実施者の，実質は名義貸しなんですよね。いくらでもやれるわけですよ。産業医や保健師を登録して，現実には事務系の営業的な方が，衛生委員会で「こんな雛形でやってください」といって，「最終的には高ストレス者は結果的に10%くらいになるようにします」といって，「面接指導は弊社の実施者が高ストレス者のほぼ全員を面接指導の対象としますよ」という。私もそういうことには批判的だったのですが，ストレスチェック制度自体の普及のためには，それでいいんじゃないかなと思います。

　一方，そういうところは先ほども申しましたように，面接指導の医師の斡旋はなくて，この地方ではこういうところがお勧めですよ，という医療機関のリストを出すだけで，会社の事業者の責任でやりとりすることになるんです。たしかに，いちいちそういう外部機関が，全国津々浦々の医療機関と提携して，フォーマットを作って，なんてやっていたら外部機関の経営は成り立たない。だから（医療機関の）リストをぽーんと流すということだけになっている。しかし，会社から面接指導を実施する医療機関として，いきなりメンタルクリニックや心療内科のリストを提示されたら，多くの高ストレス者は「こんなところに面接に行けないよ」と面接を希望しない。だから例外的にごく少数の人が医師面接を申し出る。ある外部機関では，1万人が受検して，面接を受けた人はたった3人です。それは会社の社風にもよりますが。

増田：ストレスチェックを受託する会社としては，いろいろな面接指導を受けてくれる人が多いほうがいいんですよね。そういうわけでもないのでしょうか。

鈴木：それは，契約する会社のほうとしては，面接指導をちゃんとやってくれるということが大きなニーズではあるのですが，実態として（面接希望者が）どれだけくるかわからないし，外部機関によってその準備をしっかりしているところとそうでないところと，ばらばらです。

司会：逆にあまり（面接希望者が）来られてもよくない，という機関もあるのでしょうか。

鈴木：都内がメインの外部機関は，都内ではいくらでも提携先があるわけです。紹介状も，EAPのカウンセラーが精神科医に送るという仕組みがあるのですが。しかし地方では，ほとんど名ばかりのEAPの事業所があるけれども，そういうところのカウンセラーというのは外注みたいなものです。つまり本業のカウンセリングがあって，たまたま中央のEAPと提携しているという程度ですから。これは一長一短ですね。健診機関の場合は，地方の場合でも医師を揃えていますので。必死の生き残りというか，本書にも書きましたが，ストレスチェック制度で売上利益を確保するというよりも，ストレスチェック制度と健康診断を抱き合わせで受注して。健康診断とその後の精密検査や治療が売上利益になってきますから。そうすると目的がEAPとは違っていますよね。EAPがあるところは，ほとんど東京です。私が所属しているEAPの本社は静岡ですが，地方で自立している会社は非常に珍しいんですよ。だからほとんどが健診機関ですよね。事業会社の孫会社みたいなところが安くやってくれるという。当然そういうところは,医療機関リストを出して「ここで面接指導を受けてください」という程度のことですから，言われたほうの会社としては（社員に対して）どうやってやるのか，（医療機関に行く際には）健康保険を持っていくのかいかないのかということからありますので，こまめにやりとりしてくれないところはトラブルが起こりやすいですよね。（医療機関としても）名前は貸したけれどどうすればいいの，となる。もっとすごい外部機関では，安すぎる所は，ストレスチェック結果の生のデータをエクセルファイルで送ってくるだけですから。そうなると，安いと思っていたけど産業医が機能していない事業

場でも，高ストレス者から面接指導者を実施者が選ばなければならなくなりますから，えーっと驚くようなことになってしまうんですよね。

▶産業医・嘱託産業医の問題について

司会：実際この4月くらいから順次，会社における実務が動いていくという話もありましたが，社内の体制として，そうした外部機関に依頼するということになった場合に，会社としては何に注意をすべきなのでしょうか。ストレスチェック制度を掲げている外部機関が乱立しているようにも思いますが，安かろう悪かろうでは会社としては困りますし，かといってべらぼうに高いとお金が回せないということになりますので，どう対応すればよいのでしょうか。

増田：大企業は別として，中小規模の企業になってくると，自社に産業医はいるけどその産業医にストレスチェック制度までやってもらうのは難しいかもしれません。かつ会社の体制としては，自社で実施事務従事者になるとしても，実務としては外注したいというのがニーズになると思います。結局は，健康診断は外注してやっているわけですから，それと同じような形でストレスチェック制度も外注してやっていきたいというのが本音だと思います。ただしノーコントロールというわけにはいきませんので何らかの形で関わっていくことが考えられます。産業医も嘱託産業医も一応は共同実施者になりますかということで。実務としては委託先の実施者に概ね委ねるとしても，報告書には産業医がちゃんとサインをすることにもなっていますので，共同実施者にはなって，(制度に)関わるというような体制ですね，実際に私がいくつ関わったケースではそうです。

司会：本書にもありましたが，実際には名前だけとは言っても，産業医の方がなりたがらない，という問題については鈴木先生いかがでしょうか。

鈴木：いま増田先生がおっしゃったように，共同実施者であれば，実際の（面接指導対象者の）選定基準をどうするかといった運用のことについてはほとんど関わらなくて済む，と。ただ情報提供に関していうと，共同実施者にならないと決定的な差が出てしまう。せめて共同実施者になっていただいて，外部機関で面接指導をした結果の確認やフォローアップについては，メンタルが専門外であっても，その場合は事業所の産業医がやっていただきたい，と思いますが。

増田：面接指導について，嘱託の産業医では精神科の領域がカバーされていないことが比較的多いのではないかと思います。

鈴木：嘱託産業医といってもさまざまです。今までメンタルの復帰面談をしていなかった嘱託産業医の先生が今度はストレスチェック制度の面接指導をやらざるを得ない。ストレスチェック制度について精神科産業医を売りにしている本もありますが，医師による面接指導は未然防止が目的で，精神科の診断ではないんですよね。大事なのは職場実態や状況をどれだけ把握しているかということです。本書にも書きましたが，（ストレスチェック制度で）面接指導は例えば精神科系の産業医が望ましいとはどこにも書いていません。ではどのような条件をつけているかというと，職場の状況を把握している医師が行うことが望ましい，としています。うつ病かどうかと診断するわけではありません。未然防止なわけです。極論をいうと，専門が眼科で産業医をやっているという場合でも，不安だったら全員について精神科に紹介状を書いてしまえばそれでチャラになるわけで。それで一応，紹介状を書いた方については，就業上の措置を下して残業制限を入れるというふうにすればいいわけです。本書においてもそのようなことを書いたつもりです，嘱託産業医の方にも読んでいただけるように。現実に多くの医師，例えば内科医，整形外科医，産婦人科医が，知らず知らずのうちにうつ病を診ているんですよね。一方，内科医が軽いうつ病をみるという時代になってしまっていて，それが問題視されています。うつの診断の普及と治療の普及については，大きな問題なのです。それはともかく，内科医系の嘱託産業医なら一定は

診れるよ，やろうと思えばやれるよ，さらにいよいよとなれば精神科に紹介状を書けばいいだけの話だという時代です。やれるという嘱託産業医と，もうリスクは負いたくないよという産業医がいます。むしろそのような方は産業医業務に抵抗がありますので，（ストレスチェック制度が）踏み絵みたいな形になって，これを機会に産業医は卒業させてくださいという流れができてくる。それは産業医が専属だったら，命を懸けてでもやりますという方もいますし，嘱託の場合は本ストレスチェック制度によって今後の産業医活動を本気になってやるのか，あるいは卒業するのかということで，ある意味には結果的に厚労省の考えでいうところの，産業医の振るい分けになります。精神科産業医が参入してくるから産業医制度のレベルアップになると私は思います。そういう点では，本制度は意味のある制度だと思いますね。

▶ストレスチェック制度は産業医にとってリスクではない

増田：産業医の立場では，このストレスチェック制度に関わることは，リスクと捉えるのですか。

鈴木：それは，不思議なことに，先ほども述べましたが，病院の診療をやっているときには，内科医が軽いうつを診て，自殺が起こったらどうしようなんて考えない。にもかかわらず，リスクについて心配するのは，本書にも書きましたが，むしろ専属産業医のほうが気にするんですよね。ストレスチェック制度の結果，今までもうつの労働者については，いくらでも職場復帰の判断やフォローアップの面談で診ていたにも関わらず，新たにストレスチェック制度という入口ができた場合に，産業医が専属であろうが嘱託であろうが，対処を誤った場合に訴えられないのか，という不安が生じるということです。

増田：対処という意味では，面接指導ですよね。でも私はどちらかとい

うと，ストレスチェック制度は医師がそんなにリスクに感じていただくような制度ではないと思っています。

鈴木：おっしゃるとおりです。率直に言うと，臨床医経験の乏しい産業医にとって患者さんが亡くなるというのは，臨床医と違ってあまり経験がないので，自殺でもされたらどうするの，と不安になる。今までそのようなケースを多く診てきたにも関わらず，あらためてもし自殺したらどうなるの，自分の責任になるんじゃないのか，と。自殺は起こりうるよと割り切るしかないよね，といっても割り切れない方，経験がない産業医が，割といます。でもそれは精神科医や内科医は，人間の死というのは防ぎ得ない場合もあることを知っている。自殺というのは，うつ病などの精神障害の結果，正常な判断力が失われてとる行動ですから，精神科医にとっては日常茶飯事です。それで，訴えられる訴えられないとなったら，もう医者をやっていられません。

▶産業医の役割とは

司会：産業医について，基本的なことをお聞きしますが，産業医になるにあたっては，メンタル的なことだけではなくて，いわゆる工事現場などの安全配慮義務など，全体を診れるというのが産業医の位置づけですね。

鈴木：はい。日本医師会の産業医の研修を50時間受けると，産業医の資格が取れるということになります。開業医や病院勤務医はその研修を受けて，その中でメンタル対応についても勉強します。それだけでは知識は現実的には乏しいのだけれども，産業医はあらゆる特定有害物質とか，アスベストとか，メンタル不調とか，全部みて対応できなければならない。それは産業医という職務の専門であるということです。一部の人事担当者は，精神科産業医という制度を希望しているのだけれど，それは違うのです。過労死の長時間残業面談をするのなら，循環器専門の

脳外科医が診るべきではないか，という話になりますが，それは違うということになります。それが理解できているという方は，産業医の中でも，専属と嘱託でも産業医収入の比率が高い先生です。本書にも書きましたが，自分は精神科は専門でないから面接はちょっと…というのは違うという話です。それは職場の実態を把握していないから，言い換えれば産業医として十分勤務をしていないから，面接指導は苦手ですというべきです。長時間残業者の中にいくらでもうつの方は含まれてきますから，面接しているはずなのです。ちゃんと面接指導をしていれば。あるいは長時間の面接をしていなくても，高血圧症でこれは危ないよねと，健康診断の事後措置として面接をした場合に，眠れますかなどきいたりすれば，労働者は眠れないんですと申し出て，ああこれはうつなんじゃないかと考えるのです。実際に対応しているはずなんです。

▶ストレスチェック制度における産業医の役割

司会：産業医は全体をみるという役割のところ，本制度における産業医の役割がクローズアップされすぎている印象があります。

鈴木：それは，ストレスチェック制度は未然防止が目的といいつつも，高ストレス者を早めに拾い出すという早期発見の概念も混ざっているから，どうしてもそうなってしまうのです。それは制度の矛盾，二枚舌。未然防止といいながら，高ストレス者を見つけ出すという。しかも1年間に1回しかやらないのはおかしいですよね。うつなんて2,3週間でなってしまいますから。血圧や糖尿病は，1年間のうちどのタイミングで計っても，血圧は高いときは高いし，糖は高いときは高いです。しかし，うつという気分や感情の変化は，1週間単位で変化しますので，年1回では把握しきれません。それでも（本制度では）把握しなければならないといっています。

増田:なるほど。それでは本当は年に2回くらいは少なくともやったほうがいいのでしょうか。それとも四半期に1回などでしょうか。実務的に考えたら,厚労省には5分でチェックできるツールもありますから。本当に意味のあるものにするなら,安衛法による実施義務ではありませんが,実質的な実施であればそれくらい(の頻度で)やったほうが意味があるということでしょうか。

鈴木:実施することによって自己管理の意識付けになります。自分で気をつけようという気持ちになります。このまえ私が産業医をやっている会社の人事担当者が,厚労省のこころの耳サイトからスマートフォンでダウンロードして(チェックを)やったところ,「こんなにすばらしいものがあるなら,どうしてこれで終わりとしないのか。これで高ストレスとなったら少し慎重になって,場合によっては心療内科に行こうかと考えるし。こんなにいいものがあるのに何でわざわざ外部機関でやってということにしなければいけないのか。」と率直な声が出ました。だから,別口の相談窓口を明確にPRすることはとても大切なことです。また(先日は)安全衛生委員会の10人くらいを相手に,「(あなたが)もし高ストレス者となったら,私との面接指導を希望しますか」とたずねたところ,希望者は誰もいませんでした。長時間残業でも面接指導を希望しない労働者が多いのです。一方ストレスチェック制度では面接指導は任意になりましたので,受けたくないと思いますよね。そんな産業医面談を受けて,ストレスチェック結果が暴露されるくらいなら,自分から心療内科にかかるよと,現代人は,そのくらいの意識はもってますよね。本当に危ない人は本当のことを書かないのです。だから本制度の質問紙は,病気の早期診断には役立たない,といえます。

▶自己申告式ストレスチェックの問題点,限界

司会:自分で記入するということにそもそもの問題点があるのかもしれ

ません。自分でいかようにもそのときの気分で書けるし，少し上司が気に入らないから困らせてやろうと思って書く，とか。本当に状態が悪い人が，たまたま書いた時期には状態がよくて，書いた次の日に悪くなった，とか。いわゆる自己申告という形式についてはいかがでしょうか。

鈴木：(自己申告式は)書く人の気まぐれが関係します。類似したことは，長時間残業者の面談で，1か月くらい前によく眠れないとチェックした労働者に聞いてみると，「そんなチェックをしましたっけ」と言うようなケースがしばしばあります。要するに，疲労のピークにおいては高ストレスになるということです。疲労の人と，発病予備軍と，発病者と，通院者と，それに本書では本音が上司に言えない労働者のケースも挙げましたが，そういうごちゃごちゃの不均一（な群）で高ストレス者を把握することになりますから，産業医の面接では，罠にはまるような，難しいことが多くありますね。病気の人はいいのですが，上司に本音が言えない，報告・連絡・相談ができない人というのは，形の上ではたとえば，週に一度寝つきが悪い，不眠症の軽いものというみたてがつきますが，対策は上司への報告・連絡・相談を教育することです。そのような人が内科や心療内科に行って，睡眠薬を出されたところで，報告・連絡・相談のスキルが高まるわけではありません。そこには，本来の人事労務管理や人材育成の課題が，医療保健にすり替わってしまっているという問題があります。また本制度において，本当に悪意を持って上司を落としいれようということは，あまりないと思います。それは，それをやることによるリスクが本人にもあるからです。ないわけではないと思いますが。

▶労働者は本音を書く？結果は正確？企業にとって予見可能性は含まれるのか

司会：実は精神的に不調である労働者が，ストレスチェック制度において現在の状況を申告することで，マイナスの評価がなされるかもしれな

い，と思って本当のことを書かないという問題についてはいかがでしょうか。

鈴木：それなんです（問題は）。同意が得られなかったら結果の提供義務はないといっても，そんなの（労働者が）いちいちよく読んでやるわけではないので，事なかれ主義で本当のことを書かない方がかなりいると思います。でもそれはしょうがないですよね，制度上。だから次善の策として，リスクもあるけれど，衛生委員会などでストレスチェック結果は事業者に提供しないという方法もあります。厚労省のQ&Aに出ているやり方を（本書では）書いたんですよね。ただ安西弁護士は，月間総務の2015年5月号に書いていますが，面接指導事後措置の情報共有とストレスチェック結果とをやや混同しているんですね。私は，ストレスチェック結果というのは，予見可能性をあまり含まないと思っています。半面，面接指導の中身はものすごく大きな予見可能性を認めざるを得ない情報だと思いますが，ストレスチェックは気まぐれで書けるデータです。あるEAPでやったケースでは，社名はいえませんが，人事担当者は，最初は極力結果の提供に同意させたいという話をしていましたが，（今では）いやそれはあまり意味がありませんねという話になっています。

増田：そうですね，会社には，個別の労働者についての認識というのが予見可能性に結びついてきますので，高ストレス者を具体的に知ったとして，では果たして何ができるのかということになってくるんですよね。でも知ったほうが，メンタル不調の芽を摘むという意味では，意義があるということだと思います。単に知るだけでは何の意味もないですね。

司会：実際に，ストレスチェック結果として正確なものが労働者から出てくるのかということも問題ですね。それから事業所が各地にある場合に，産業医が本社は仮にいたとしても，事業所では嘱託産業医が別にいる場合に，全社的なコントロールとして本社の意向としてはこうしていきたいという産業医間の関係性，ピラミッドというか，それはどうなのでしょうか。

増田：それは本社に統括産業医がいたら，本社の産業医が（事業所の）共同実施者になって，一緒に方針をたてることになるのではないでしょうか。実際の報告としては，事業場の産業医がしていくことになるでしょう。本社と事業所間のそのようなコントロールは必要ではないかと思います。

▶正しくストレス度合をはかるには？ストレス把握には年1回では足りない

増田：ところで健康診断では，血液検査など，結果が客観的に，正直に出ますよね。ストレスチェック制度はそのようにはならないのでしょうか。例えば，血液検査で客観的に（ストレス度合が）出るというのは無理なのでしょうか。

鈴木：近いものでは，疲労物質をはかるというものが昔ありました。今ですと，光トポグラフィーといって，脳の血液の流れの状態で診断するというものがあります。しかしべらぼうに高い機械で，時間もかかります。

増田：自己申告という方式だと，忙しい人ほど，そんなこと把握されたくないから，（ストレスが）そうでもないという答えに○をつけておいて提出して，終了ということになりそうです。その点，健康診断では，本人が問診でどのように書いたとしても，血液検査なりで客観的なもので状態が出てしまいますので，隠しようがありませんね。

鈴木：健康診断の場合は，だいたいどの時点で実施しても，血糖が高ければ（健診結果でも）高いと出ますので，結果の再現性があるといえます。生活習慣ですから。でも仮に，安価で客観性のあるメンタル不調の検査方法が開発されても，うつによる気分感情の変動ですから，1回の

検査でどうなのかということはあります。健康診断的に診るという手法が，メンタル不調では微妙だということです。

増田：しかし本来，そのような視点は非常に重要ですね。（検査に）本当に意味を持たせるのであれば，3か月に1回とか，法定外のストレスチェックをするということでやるほうが，効果という意味では一応は意味があると思われます。申告式とはいえども，そのときの気分感情で（答えを）つけるところは違ってくるとは思いますが。（できるだけストレス度合を把握するには，検査の）頻度を多くするほうがいいのでしょうね。これは新しい視点ですね。

司会：うつの人は，朝と夕方で比べると，朝のほうが調子が悪いといわれていますが，ストレスチェックをする時間帯に関係はありますか。

鈴木：それは特にはありません，時間帯がばらばらでも。くどいようですが，ストレスチェックはうつを拾い上げるとか，フィルタリングするというツールではなく，高ストレスを拾い上げるというものです。ただ高ストレスといっても，疲労状態で仕事の山場にいる人から，発病予備軍や，上司に言いたいけどいえないというような人たちまで，雑多な群が入っています。だからいっそのこと，良い悪いは別として，医学的にはうつ病を測定するものを実施する方法もありえます。本当のことを書く書かないは別にして。例えば，ある会社の専属産業医は，うつも測定する，死にたいという気持ちも測定する，というものをやりました。すると，書く人は書くんです。でそれは率直に言って，（問題のある人を）見つけるという意味では「いい」わけです。しかし（本制度では）国はそういう考え方ではない。本当に秘密が保たれて，産業医が面接指導をいつでもできる，産業医がいつでも健康管理室にいて面接を希望すればほどなくできる，という仕組みのところでなければだめなのです。またストレスだけでメンタル不調を発病するわけではありません。本人のものの考え方や感じ方，要するにパーソナリティも大きな要因なのですが，それは測定してはいけないということになっています。本当は，ものの見方や考え方を測定するものをやると，ハイリスク者がわかって，個別

労務管理で未然防止できます。こういう部下にはこういう声のかけ方をしたほうがいいよ，というふうなきめ細やかなラインのケアができます。しかし国は，それはだめだということです。

増田：（それは本制度が）うつ病者の発見のための目的ではないという立て付けだからですね。しかし本来的にメンタル不調防止のためには，そういうふうにきちんとわかるようなことのほうがいいのでしょうか。

司会：これからの課題の一つとなりそうですね。

▶面接指導はこうやる！メンタル不調を防止する指導方法・産業医との連携

鈴木：就業上の措置の決定と実行が要点になります。しかし，人事と産業医と本人という密室関係になるリスクがあります。管理職を入れて，本人を外して，つまり人事と課長と産業医でやらないと，伝言ゲームになってしまいます。例えば，不眠症があって，まだ心療内科を受診するほどではない，しかも残業はしていないという労働者が，上司に報告・連絡・相談をしない人だとすると，産業医から人事担当者に「上司から声かけをしてくれ」といっても，それは伝わらないですよね。私が一番懸念しているのは，残業制限したとか，上司の支援を強めよと書面で産業医が意見を出しても，それを人事担当者が当該労働者の管理者に（それを）実行してもらえるかということです。これが意外に実行できない。本書にも書きましたが，人事担当者が若くて，現場のラインの課長とかへといったら，遠慮して単に書類を渡すだけということになることがあるわけです。書類を渡しても（課長たちは）見ないこともある。ですから，産業医が当該労働者の課長や部長に，人事担当者同席のもとで直接伝えるということにしないといけません。残業制限などを仮に実施してもらえても，この労働者に積極的に声をかけたほうがいいですよ，と仕事の進捗状況を報告させて，何が困難なのかを把握して，それで支援を

行うというような，きめ細やかな対応をすると，本当に防ぐことができます。私の経験ですが（本書P172頁の）課長と部長，人事と産業医で，直接，当該労働者について協議するということを2年前くらいからやるようになったら，400人くらいの会社で常時数名は休業者がいたところが，1人ないしはゼロになりました。ただし，いまどきの課長は，業務に忙殺されすぎています。部下の労働時間管理なんかできないという人が少なくありません。要するに，プレイヤー的な課長が多すぎです。そこで課長に部長を入れて協議すると，未然防止がものすごく進みます。人事担当者と管理監督者の間だけでは，産業医が言ったことの伝言になってしまいます。産業医が人事担当者に，口頭にせよ電話にせよ十分説明したとしても，では人事担当者が管理監督者に適切に説明できるかといったら，それはおかしな話です。可能ならば上司，人事，産業医の三者でまわしたほうが早いです。

▶まとめとして

ストレスチェック制度は未知数，まずはセルフチェックを定着させ自己管理を促す

増田：本当にきちんと機能させようと思うのなら，受検率をきちんと高めないといけないと思います。しかし，受検義務がないというのが，本制度の一つの欠陥みたいなものではあります。ですから皆さんがきちんと受けないと，まず把握ができません。そして把握するための手法としては，本人が同意しないと結果はわかりませんので，多くの人に受けてもらって，集団分析結果で集団の状態を把握するということに，本来的な意味があるということでしょう。鈴木先生の先ほどのお話では，あまりリンクしていないということもあるので難しいところですが。しかし社内での受検率を高めるための社内的な周知と啓発というところを，しっかりとしていくことがまず求められるところだと思います。その上で，結果をさらにどう活かすか，そしてそれがどれほど実務に役立つか。本制度では，まだ未知数なところだと思います。

鈴木：やってみなければわからないということですが，大きく分けて2つに分かれます。形ばかりの実施で，中規模以下で大手上場企業の地方事業所の場合，とりあえずやってみましたというところで結果はまあいいんじゃないかというところ。一つの考え方として，さきほどご紹介した厚労省のこころの耳というサイトが充実していますし，eラーニングもできますので，これはいろいろなところでアピールされるべきだと思います。こころの耳自体に，よいコンテンツが沢山ありまして，「こころホットライン」もそうなのですが，ストレスチェック結果で「前向きにメンタルの勉強をしましょう」ということでeラーニングをすすめるとか，制度化して会社が「せめて管理者はeラーニングは受けましょう」とすると，その意味が出てくると思います。やはり産業医や研究者にお金を出して研修を依頼して時間を確保してというのは難しいですから，eラーニングは受けましょうという取り組みをするといいと思いますね。ですから，行政が何を目指しているのか，あのサイトを使ってほしいという願いがあってこれだけ気合を入れているんですから，それにのって「ストレスチェック制度とこころの耳」という形でやると良い。そのストレスチェックをやった期間は，結果に関わらず，こころの耳をみて，管理者はeラーニングは受けて，というふうにすると，職場改善まではいかなくても，集団分析の結果を知らなくても，部下にこういうふうに接するべきなのかなどいうことがわかることになってきます。

　そしてもう一つは，この制度をきっかけに，人事担当者が産業医と連携するという流れができるのではないでしょうか。そして2,3年経ちましたら，本格的な職場環境改善になります。ただ問題は，ストレス・メンタルのために改善活動を行うのは変な話です。生産性の高い職場を目指しつつ，結果的に心身の健康が保てる職場作りとするということです。最近では健康経営という考え方がありますが，そういう考え方が普及せざるを得ない状況です。本制度で何のために一人数百円から千数百円かけてやっているのだろうということになるので，前向きな人事担当者や制度担当者は必ずそういう職場改善の流れにいくはずです。ただそれに対して，やはり職場改善のメニューというのが，率直なところEAPにしてもその他外部機関にしても，これだというものがありません。ここ

ろの耳に出ているのは，メンタルヘルスアクションチェックリストというもので，私の所属している研究所の元副所長が開発した，総合的な職場環境改善というものです。自治体や官公庁や病院などでは使えると思うのですが，民間企業や製造業，第三次産業ではなかなか使いづらいということがあります。要するに，どうやって職場環境改善をするか，まだ企業の現場では共通言語にはなっていません。現場主導の生産性向上策でついでに健康度を高めるような取り組みをもっと研究していくべきだし，実践していくべきだと思います。産業医や研究者は現実にやっているのですが，まだまだ普及はしていません。

増田：そういう意味では，先ほども述べられましたが，ストレスチェック制度は法定の実施としては年に1回ですが，例えば，毎月1回月末にやりましょうというようなことにして，続けて1年間やってみて，どの時期にどの部署がストレス度が高くなるとか，そのような結果をとってみると企業の傾向がわかってきます。では（そのようなストレス度に）そうならないように何らかの対策を講じようとか，法定のものとプラスアルファで活用していくと，実務的に機能するのかなと思います。毎月でないとしても，2か月に1回とか，3か月に1回とか。5分でできるようなものですから。法定のものは外部にコストをかけて，内部のものは厚労省のプログラムを使って。内部のものは受検義務があるわけではないものの，結果は社内の衛生委員会で使うとか，そういう使い方だと意味があるかもしれませんね。

司会：決められたことをやるだけではなく，それを具体的に企業にどう活かしていくか，もう少し考える必要があるということですね。

鈴木：増田先生がおっしゃるように，厚労省のものを2か月に1回とか定期的にやるようにすると，学習効果が出てきます。繰り返すことによって。もちろんすべて「いいえ」と答えることもできるのですが，ちょっと待てよこれは会社には出ないけれどちょっとね，という気持ちで受検する人も出てきますから。要するに，自己管理をするツールとしては，時期ごとに四半期ごとにやってみるというのは，自己管理していくとい

う面ではいいことだと思います。いまそういうものが無い状況で，自分の気持ちを振り返ってみるという場面がないですから，一つのいいアイディアだと思います。それを，面接指導うんぬんとしてしまうと，ちょっとそれは無理ですから。セルフチェックとして，管理監督者には自発的運用ということで，そして何かあったらこころの耳をみなさいということで，さらにいよいよ気になったら相談窓口に行きなさいというような声かけをすると良いでしょう。それが日常的になってきますので，かなりいいやり方だと思います。ですからストレスチェックへの5分間の取り組みの一つのきっかけになりますし，職場においてストレスについての会話のきっかけにもなります。ぜひ実践していただきたい，いいアイディアだと思いますね。こころの耳も職場では十分にアピールしていただきたいと思います。

司会：本書が悩める企業人事担当者，あるいは産業医の方の一助となることを願ってやみません。本日はお忙しいところ，ありがとうございました。

平成28年3月3日

参考規程

（注）本例は厚生労働省が公表する「ストレスチェック制度実施規程（例）」を参考にしつつ，やや簡略にする方向で修正したものとなります。

あくまでも参考ですので，各事業場の実情に応じて適宜修正してください。

ストレスチェック制度実施細則(例)

▶第1章 総則

(細則の目的・変更手続き・周知)
第1条 本細則は,労働安全衛生法(以下「安衛法」という。)第66条の10の規定に基づくストレスチェック制度を実施するに当たり,その実施方法等を定めるものである。
　2　ストレスチェック制度の実施方法等については,本細則に定めるほか,安衛法,労働安全衛生規則(以下「安衛則」という。)の定めによる。
　3　会社が本細則を変更する場合は,衛生委員会において調査審議を行ったうえで変更する。
　4　会社は本細則を社内掲示板又は社内WEBへの掲載により,適用対象となる全ての社員に細則を周知する。

(適用範囲)
第2条 本細則によるストレスチェック制度の実施対象となる社員は,次に掲げる者とする。
　①　正社員
　②　契約社員
　③　パート・アルバイト社員のうち安衛則における「常時使用する

労働者」に該当する者

（制度の趣旨等の周知）
第3条　会社は，本細則を社内掲示板又は社内WEBに掲載することにより，ストレスチェック制度の趣旨等を社員に周知する。
　① ストレスチェック制度は，社員自身のストレスへの気付き及びその対処の支援並びに職場環境の改善を通じて，メンタルヘルス不調となることを未然に防止する一次予防を目的としており，メンタルヘルス不調者の発見を一義的な目的とはしないものであること。
　② ストレスチェック制度は適用対象となる全ての社員が受けることが望ましいこと。
　③ ストレスチェック制度では，ストレスチェックの結果は直接本人に通知され，本人の同意なく会社が結果を入手することはないこと。したがって，ストレスチェックを受けるときは，正直に回答することが重要であること。

▶第2章　実施体制

（ストレスチェック制度担当者）
第4条　ストレスチェック制度の実施計画の策定及び計画に基づく実施の管理等の実務を担当するストレスチェック制度実務担当者は，●●課社員とする。
　2　ストレスチェック制度実務担当者の氏名は，別途，社内掲示板又は社内WEBに掲載する等の方法により，社員に周知する。第5条のストレスチェックの実施者，第6条のストレスチェックの実施事務従事者，第7条の面接指導の実施者についても，同様の扱いとする。

（ストレスチェックの実施者）
第5条　ストレスチェックの実施者は以下とする。

```
委託先実施者    ■■健診センター所属医師  1名
共同実施者     当社産業医  1名
```

（ストレスチェックの実施事務従事者）
第6条　実施者の指示のもと，ストレスチェックの実施事務従事者として，●●課社員にストレスチェックの実施日程の調整・連絡，調査票の配布，回収，データ入力等の各種事務処理を担当させる。
　2　●●課社員であっても，社員の人事に関して権限を有する者（課長及びその上位者）は，これらのストレスチェックに関する個人情報を取り扱う業務に従事しない。

（面接指導の実施者）
第7条　ストレスチェックの結果に基づく面接指導は，会社の指定医が実施する。指定医は別途社員に周知する。

▶第3章　実施方法

第1節　ストレスチェック

（実施時期）
第8条　ストレスチェックは，原則として毎年●月1日から同月末日までの間で10営業日を期間として設定し，実施する。

（対象者）
第9条　ストレスチェックは，第2条の社員を対象に実施する。ただし，ストレスチェック実施期間に休職・休業している社員はストレスチェックの対象外とする。

（受検の方法等）
第10条　社員は，専門医療機関に通院中などの特別な事情がない限り，

会社が設定した期間中にストレスチェックを受けるよう努めなければならない。

 2　ストレスチェックは，社員の健康管理を適切に行い，メンタルヘルス不調を予防する目的で行うものであることから，ストレスチェックにおいて社員は自身のストレスの状況をありのままに回答すること。

 3　会社は，なるべく全ての社員がストレスチェックを受けるよう，実施期間の開始日後に社員の受検の状況を把握し，受けていない社員に対して，実施事務従事者又は各職場の所属長を通じて受検の勧奨を行う。

（調査票及び方法）
第11条　ストレスチェックは，職業性ストレス簡易調査票を用いて行う。

 2　ストレスチェックは，社内WEB用いて，オンラインで行う。ただし，社内WEBが利用できない場合は，紙媒体で行う。

（ストレスの程度の評価方法・高ストレス者の選定方法）
第12条　ストレスチェックの個人結果の評価は，「労働安全衛生法に基づくストレスチェック制度実施マニュアル」（平成27年5月厚生労働省労働基準局安全衛生部労働衛生課産業保健支援室）（以下「マニュアル」という。）に示されている素点換算表を用いて換算し，その結果をレーダーチャートに示すことにより行う。

 2　高ストレス者の選定は，マニュアルに示されている「評価基準の例（その1）」に準拠し，以下のいずれかを満たす者を高ストレス者とする。

 ①　「心身のストレス反応」（29項目）の合計点数が77点以上である者

 ②　「仕事のストレス要因」（17項目）及び「周囲のサポート」（9項目）を合算した合計点数が76点以上であって，かつ「心身のストレス反応」（29項目）の合計点数が63点以上の者

(ストレスチェック結果の通知方法)
第13条　ストレスチェックの個人結果の通知は，実施者の指示により，実施事務従事者が，実施者名で，各社員に電子メールで行う。但し，電子メールが利用できない場合は，封筒に封入し，紙媒体で配布する。

(セルフケア)
第14条　社員は，ストレスチェックの結果を踏まえて，適切にストレスを軽減するためのセルフケアを行うように努めなければならない。

(会社への結果提供に関する同意の取得方法)
第15条　ストレスチェックの結果を電子メール又は封筒により各社員に通知する際に，結果を会社に提供することについて同意するかどうかの意思確認を行う。会社への結果提供に同意する場合は，社員は結果通知の電子メールに添付又は封筒に同封された同意書に入力又は記入し，発信者あてに送付するものとする。
　　2　同意書により，会社への結果通知に同意した社員については，実施者の指示により，実施事務従事者が，会社の人事労務部門に，社員に通知された結果の写しを提供する。

第2節　医師による面接指導

(面接指導の申出の方法)
第16条　ストレスチェックの結果，医師の面接指導を受ける必要があると判定された社員が，医師の面接指導を希望する場合は，結果通知の電子メールに添付又は封筒に同封された面接指導申出書に入力又は記入し，結果通知の電子メール又は封筒を受け取ってから30日以内に，発信者あてに送付しなければならない。
　　2　医師の面接指導を受ける必要があると判定された社員から，結果通知後14日以内に面接指導申出書の提出がなされない場合は，実施者の指示により，実施事務従事者が，実施者名で，該当

する社員に電子メール又は電話により，申出の勧奨を行うことがある。なお，実施事務従事者は，電話で該当する社員に申出の勧奨又は最終的な意思確認を行う場合は，第三者にその社員が面接指導の対象者であることが知られることがないよう配慮するものとする。

（面接指導の実施方法）
第17条　面接指導の実施日時及び場所は，面接指導を実施する医師の指示により，実施事務従事者が，該当する社員及び所属長に電子メール又は電話により通知する。面接指導の実施日時は，面接指導申出書が提出されてから，原則として30日以内に設定する。なお，実施事務従事者は，電話で該当する社員に実施日時及び場所を通知する場合は，第三者にその社員が面接指導の対象者であることが知られることがないよう配慮するものとする。
　　2　通知を受けた社員は，指定された日時に面接指導を受けるものとし，所属長は，社員が指定された日時に面接指導を受けることができるよう配慮するものとする。

（面接指導結果に基づく医師の意見聴取方法）
第18条　会社は，面接指導を担当した医師に対して，面接指導が終了してから原則として30日以内に，接指導結果報告書兼意見書により，結果の報告及び意見の提出を求める。

（面接指導結果を踏まえた措置の実施方法）
第19条　面接指導の結果，就業上の措置が必要との意見書が医師から提出され，就業上の措置を実施する場合は，人事部門の担当者が，該当する社員に対して，就業上の措置の内容及びその理由等について説明を行う。必要がある場合，この説明に産業医が同席することがある。
　　2　社員は，正当な理由がない限り，会社が指示する就業上の措置に従わなければならない。

第3節　集団ごとの集計・分析

（集計・分析の対象集団）
第20条　ストレスチェック結果の集団ごとの集計・分析は，原則として，課ごとの単位で行う。ただし，10人未満の課については，同じ部門に属する他の課と合算して集計・分析を行う。

（集計・分析の方法）
第21条　集団ごとの集計・分析は，マニュアルに示されている仕事のストレス判定図を用いて行う。

（集計・分析結果の利用方法）
第22条　実施者の指示により，実施事務従事者が，会社の人事部門に，課ごとに集計・分析したストレスチェック結果（個人のストレスチェック結果が特定されないもの）を提供する。
　　2　会社は，課ごとに集計・分析された結果に基づき，必要に応じて，職場環境の改善のための措置を実施するとともに，必要に応じて集計・分析された結果に基づいて所属長に対して研修を行う。社員は，会社が行う職場環境の改善のための措置の実施に協力しなければならない。

▶第4章　記録の保存

（ストレスチェック結果の記録の保存担当者）
第23条　ストレスチェック結果の記録の保存担当者は，第6条の実施事務従事者とする。

（ストレスチェック結果の記録の保存期間・保存場所）
第24条　ストレスチェック結果の記録は，会社のサーバー内に5年間保存する。

(ストレスチェック結果の記録の保存に関するセキュリティの確保)
第25条　保存担当者は，会社サーバー内に保管されているストレスチェック結果が第三者に閲覧されることがないよう，責任をもって閲覧できるためのパスワードの管理をしなければならない。

(事業者に提供されたストレスチェック結果・面接指導結果の保存方法)
第26条　会社の人事部門は，社員の同意を得て会社に提供されたストレスチェック結果の写し，実施者から提供された集団ごとの集計・分析結果，面接指導を実施した医師から提供された面接指導結果報告書兼意見書（面接指導結果の記録）を，社内で５年間保存する。
　　２　人事部門は，第三者に社内に保管されているこれらの資料が閲覧されることがないよう，責任をもって鍵の管理をしなければならない。

▶第５章　情報管理

(ストレスチェック結果の共有範囲)
第27条　社員の同意を得て会社に提供されたストレスチェックの結果の写しは，人事部門のみで保有し，他の部署の社員には提供しない。

(面接指導結果の共有範囲)
第28条　面接指導を実施した医師から提供された面接指導結果報告書兼意見書（面接指導結果の記録）は，人事部門のみで保有し，そのうち就業上の措置の内容など，職務遂行上必要な情報に限定して，該当する社員の所属長及び上司に提供する。

(集団ごとの集計・分析結果の共有範囲)
第29条　実施者から提供された集計・分析結果は，人事部門で保有す

るとともに，課ごとの集計・分析結果については，当該課の所属長に提供する。
2　課ごとの集計・分析結果とその結果に基づいて実施した措置の内容は，衛生委員会に報告する。

（健康情報の取扱いの範囲）
第30条　ストレスチェック制度に関して取り扱われる社員の健康情報のうち，診断名，検査値，具体的な愁訴の内容等の生データや詳細な医学的情報は，産業医又は委託先の医師等が取り扱わなければならず，人事部門に関連情報を提供する際には，適切に加工しなければならない。

▶第6章　情報開示，訂正，追加及び削除と苦情処理

（情報開示等の手続き）
第31条　社員は，ストレスチェック制度に関して情報の開示等を求める場合，電子メールにより第6条の実施事務従事者に申し出なければならない。

（苦情申し立ての手続き）
第32条　社員は，ストレスチェック制度に関する情報の開示等について苦情の申し立てを行う場合，電子メールにより第6条の実施事務従事者に申し出なければならない。

（守秘義務）
第33条　社員からの情報開示等や苦情申し立てに対応する実施事務従事者は，それらの職務を通じて知り得た社員の秘密（ストレスチェックの結果その他の社員の健康情報）を，他人に漏らしてはならない。

▶第7章　不利益な取扱いの防止

(不利益取扱いの防止)
第34条　ストレスチェックの不受検，結果内容，結果提供の不同意，面接指導申出，面接指導結果等ストレスチェックに関連して，社員が解雇・雇止め，退職勧奨，不当な降格・配転等の不利益な取扱を受けることはない。かかる不利益取扱い防止について本細則をもって周知する。

附則
(施行期日)
第1条　本細則は，平成　　年　月　　日から施行する。

ストレスチェックQ&A

(厚生労働省ストレスチェック制度関係 Q&A 平成28年3月18日)

ストレスチェックQ&A

ストレスチェック制度関係　Q＆A（目次）

更新履歴　平成27年5月12日
　　　　　平成27年9月30日
　　　　　平成28年2月　8日
　　　　　平成28年3月18日

0．制度全般について

Q0-1　法に基づく第一回のストレスチェックは、法施行後いつまでに何を実施すればいいのでしょうか。

Q0-2　学校の職員や地方公務員についても対象となるのでしょうか。

Q0-3　当社は本社と事業所から成りますが、本社で一括して「事業者」として実施することは可能ですか。その場合、実施方法などについて事業所ごとに衛生委員会等での調査審議が必要でしょうか。

Q0-4　建設現場など、同じ現場に関係請負人の労働者が働いている場合、ストレスチェックは関係請負人の労働者も含めて実施するのでしょうか、それともそれぞれの所属の会社で行うことになるのでしょうか。

Q0-5　ストレスチェックや面接指導の費用は、事業者が負担すべきものでしょうか、それとも労働者にも負担させて良いのでしょうか。

Q0-6　ストレスチェックや面接指導を受けるのに要した時間について、賃金を支払う必要がありますか。

Q0-7　海外の長期勤務者に対するストレスチェックはどのようになるのでしょうか。

Q0-8　在籍出向労働者のストレスチェックの実施については、出向元または出向先のいずれにおいて行うのでしょうか。また、集団分析はどうなるのでしょうか。

Q0-9　50人未満の事業場がストレスチェック制度を実施する場合についても指針に従うこととなるのでしょうか。

Q0-10　指針とマニュアルの法的な位置づけはそれぞれ何でしょうか。

Q0-11　法に基づくストレスチェックの実施とは別に、新人研修の一環としてストレスチェックを性格検査等と組み合わせて実施することは可能でしょうか。

Q0-12　嘱託産業医が実施者としてストレスチェックを行う場合、従来よりも従事時間が増しますが、その費用の助成はありますか。

Q0-13　ストレスチェックの実施義務の対象は、「常時50人以上の労働者を使用する事業場」とされていますが、この50人は、どこまで含めてカウントする必要があるのでしょうか。アルバイトやパートも含めるのでしょうか。

1　産業医の職務

Q1-1　労働安全衛生規則により、産業医の職務に「心理的な負担の程度を把握するための検査の実施並びに同条第三項に規定する面接指導の実施及びその結果に基づく労働者の健康を保持するための措置に関すること」が追加されましたが、事業者に選任された産業医はストレスチェック制度にどこまで関与すれば、職務を果たしたことに

なるのでしょうか。

2　衛生委員会等における調査審議
（注）衛生委員会又は安全衛生委員会をこのＱ＆Ａでは「衛生委員会等」といいます
Ｑ２－１　ストレスチェックを健診機関などの外部機関に委託し、産業医は共同実施者となる場合、外部機関が提案した調査票や高ストレス者選定基準について、どのように産業医の意見を聴けばよいのでしょうか。また、どのように衛生委員会等で調査審議すればいいのでしょうか。
Ｑ２－２　ストレスチェック制度に関する社内規程は、どのような形式で定めればよいでしょうか、就業規則に該当するのでしょうか。
Ｑ２－３　ストレスチェック制度に関する社内規程において、実施者、実施事務従事者、面接指導を実施する医師は、全員の氏名を規程に明記しなければならないのでしょうか。

3　ストレスチェックの実施方法
Ｑ３－１　「こころの耳」に５分でできるストレスチェックが掲載されていますが、これを労働者が実施して産業医に提出することにすれば、事業場の業務が簡略化できるのではないでしょうか。
Ｑ３－２　機器に指を当ててストレスを計測するというものがあるようですが、この機器での測定もストレスチェックとして認められるのでしょうか。
Ｑ３－３　ストレスチェックの調査票に、標準的な質問項目に加え、ストレスに関連する自由記述欄を設けてもよいでしょうか。
Ｑ３－４　国が標準として示す57項目に加えて、ストレスに関連する独自の項目を加えることは問題ないでしょうか。また、質問数を数百に増やしたり、数項目程度に絞っても問題ないでしょうか。
Ｑ３－５　労働者が、事業者の指定した実施者でない「かかりつけ医」等で受検したいという場合、ストレスチェックとみなしてよいのでしょうか。
Ｑ３－６　ストレスチェックの数値評価を行い、これに加えて補足的に面談を行う場合は、その面談内容も守秘義務の対象となるのでしょうか。
Ｑ３－７　長期出張や長期の病休のために、ストレスチェックを受検できなかった者について、どのように取り扱うべきでしょうか。
Ｑ３－８　労働安全衛生法に基づくストレスチェックは年１回実施しており、それとは別に会社独自にストレスチェックを定期的に実施していますが、この会社独自の取組についても法令の規定に基づいて行わなければならないのでしょうか。また、監督署への報告は必要なのでしょうか。
Ｑ３－９　労働安全衛生法に基づくストレスチェックは年１回実施しており、それとは別に安衛法に基づく健康診断の問診として CES-D を実施し、その結果は本人の同意を取らずに企業が把握していますが、法的に問題ありますか。
Ｑ３－10　インターネット上などで、無料で受けることができるメンタルヘルスに関するチェックを社員に受けてもらうことで、労働安全衛生法に基づくストレスチェックを

実施したものとみなしていいでしょうか。

4 高ストレス者の選定
Q4－1 高ストレス者の選定基準について具体的な数値は示すのでしょうか。また、事業場における選定基準の設定の仕方として上位〇％が入るように、といった目安は示すのでしょうか。
Q4－2 高ストレス者の選定基準については、事業場内で同一のものを使用すべきなのでしょうか、それとも例えば事務職と技能職といったような職種毎に基準を設定してもかまわないのでしょうか。
Q4－3 高ストレス者の選定は、「心身の自覚症状に関する項目の評価点数の合計が高い者」又は「心身の自覚症状に関する項目の評価点数の合計が一定以上であって、心理的な負担の原因に関する項目及び他の労働者による支援に関する項目の評価点数の合計が著しく高い者」の要件を満たす者となっていますが、このどちらかを選べばよいのでしょうか。それとも両方を選ぶ必要があるのでしょうか。

5 受検の勧奨
Q5－1 事業者が行う受検勧奨について、安全配慮義務の観点からどのくらいの頻度・程度で受検勧奨するのが妥当なのでしょうか。
Q5－2 受検率が低い場合、これを理由として労働基準監督署から指導されるといったことがあるのでしょうか。
Q5－3 個々の労働者のストレスチェックの受検の有無の情報について、受検勧奨に使用する途中段階のものではなく、最終的な情報（誰が最終的に受けなかったのかという情報）を事業者に提供して良いでしょうか。

6 ストレスチェックの実施者
Q6－1 ストレスチェックを外部委託し、事業所の産業医は個々人の結果を把握するために、共同実施者となる予定ですが、どの程度関与していれば共同実施者といえるのでしょうか。
Q6－2 看護師や精神保健福祉士が、実施者となるための研修はいつどこで受講できるのでしょうか。
Q6－3 看護師、精神保健福祉士を対象とした研修については、誰が実施してもよいのでしょうか。例えば事業者が実施してもよいのでしょうか。
Q6－4 部下に対する人事権を有する産業医は、ストレスチェックの実施者になれないのでしょうか。
Q6－5 病院長がストレスチェックの実施者となることや、面接指導を実施することは可能でしょうか。なれない場合は、誰が実施すればよろしいのでしょうか。
Q6－6 看護師や精神保健福祉士が、研修を受けなくてもストレスチェックの実施者となれる健康管理等の業務の経験年数三年について、例えば健診機関や病院で企業健診に関わっているような場合や、特定保健指導のみに従事しているような場合も経験年数に含まれるのでしょうか。

Q6-7 看護師や精神保健福祉士が、実施者となるための研修の科目のうち「事業場におけるメンタルヘルス対策」には、自殺対策も含まれているのでしょうか。【New!】

7 ストレスチェック結果の通知
Q7-1 外部機関に委託した場合で、ストレスチェックの労働者の回答に不備があった場合、外部機関が当該労働者に直接送り返して書き直してもらうということはあり得るのでしょうか。
Q7-2 外部機関に委託して実施する場合、ストレスチェック結果は労働者の自宅あてに送付することになるのでしょうか。
Q7-3 ストレスチェックの結果として、①ストレスプロフィールなど、②高ストレス者への該当の有無、③面接指導の要否を、セットで労働者に通知しなければならないのでしょうか。

8 結果の提供に関する同意の取得
Q8-1 ストレスチェック結果については、全労働者の結果を事業者へ情報開示しないということを事業場で取り決めてもよいのでしょうか。
Q8-2 同意取得はストレスチェック結果の通知後ということですが、結果通知に同意確認書類を同封してもよいのでしょうか。
Q8-3 高ストレス者について事業者への結果提供の同意がなく、実施者のみが結果を保有している場合に、面接指導以外の保健指導等を行わなければならないのでしょうか。
Q8-4 本人が退職した後に、当該者のストレスチェック結果について、提供してほしいという要求が事業者から実施者にあった場合、その結果は本人同意を取らずに提供してよいでしょうか。

9 面接指導の申出の勧奨
Q9-1 ストレスチェック実施を外部機関に委託した場合、本人への面接指導の勧奨は外部機関からなのか、嘱託の産業医からなのかどちらなのでしょうか。
Q9-2 面接指導の実施率が低い場合、これを理由として労働基準監督署から指導されるといったことがあるのでしょうか。

10 結果の記録・保存
Q10-1 ストレスチェック結果の保存をストレスチェックを実施した外部機関に委託する場合、毎年委託先を変更する時は、記録の保存場所が毎年異なることになるのでしょうか。
Q10-2 ストレスチェック結果の保存を担当する者が交代する場合、過去のストレスチェック結果を引き継ぐことはできるのでしょうか。

11 面接指導対象者の要件
Q11-1 高ストレス者の選定に関して、プログラムの自動判定結果で高ストレスと出た

ストレスチェックQ&A

場合は、医師の判断を経ずに面接指導の対象者としても良いのでしょうか。実施者の判断があったかどうかを残しておく必要があるのでしょうか。

Q11－2　ストレスチェックでは面接指導対象者と選定されなかった労働者が面接指導を申し出た場合、どうすればよいのでしょうか。

Q11－3　事業場の規程として、数値基準により高ストレスと判定された者については、全員面接指導の対象者とすると決めていたとすれば、システムでストレスチェックを実施し、その結果が高ストレス者に該当するかどうか、面接指導の対象者かどうかを瞬時に出力し、それをもって結果の通知まで終了したとすることは可能でしょうか。

12　面接指導の実施

Q12－1　ストレスチェックの実施と面接指導の実施を別の者が実施することもあり得るのでしょうか。

Q12－2　面接指導対象者は、実施者の判断で、高ストレス者の中から、実施者が判断して絞り込むということになるのでしょうか。

Q12－3　法第66条の8に基づく長時間労働による面接指導と法第66条の10に基づくストレスチェック結果による面接指導と、両方の要件に該当して申出があった場合、面接指導は同時に実施していいのでしょうか。

Q12－4　面接指導はテレビ電話等を利用してもいいのでしょうか。

Q12－5　事業者が面接指導の実施を外部の医療機関の医師に依頼した場合、医師は保険診療扱いとしてよいのでしょうか。

Q12－6　高ストレス者に対して、実施者である産業医や保健師が、まずは通常の産業保健活動の一環として面談を実施し、その中で必要と判断された者について、労働安全衛生法に基づく面接指導を実施するというやり方も認められるのでしょうか。

13　医師の意見聴取

Q13－1　面接指導の結果に基づき、医師が事業者に就業上の措置について意見を言うことになりますが、本人が事業者へ伝えることを拒む場合には、どうすればよいのでしょうか。

Q13－2　面接指導の結果報告書や意見書を事業者に提出するに当たって、労働者本人の同意を得る必要はないのでしょうか。【New！】

14　就業上の措置

Q14－1　就業上の措置として労働時間の短縮という言葉が出てきますが、これは、8時間の就業時間をさらに短縮するということではなく、就業規則に則った範囲での短縮だということでよいでしょうか。

15　集団毎の集計分析

Q15－1　当社は全ての部署が10人以下ですが、会社全体の集団分析以外はできないのでしょうか。

Q15－2　法定のストレスチェックと別に、職場環境把握用の調査・分析を実施した場合

は、ストレスチェックに基づく集団分析は実施しなくてもよいのでしょうか。
Q15－3　10人を下回る集団でも労働者の同意なく集計・分析できる方法とは、どういう方法なのでしょうか。
Q15－4　10人を下回る集団でも労働者の同意なく集計・分析できる方法として、「仕事のストレス判定図」を用いることは可能でしょうか。

16　健康情報の取扱い
Q16－1　ストレスチェックとは違う場面で労働者に面接を行う中でメンタルヘルス不調を把握し、必要に応じてその労働者を医療機関に紹介するということもあると思いますが、その場合にストレスチェック結果を医療機関に提供することできるのでしょうか。
Q16－2　個人データを氏名、年齢、所属部署などを削除し、個人が識別できない状態にしてストレスチェック結果を事業者が取得することは可能でしょうか。
Q16－3　ストレスチェックの結果、「高ストレス者が何人いたか」「面接指導の対象者が何人いたか」のデータを実施者から事業者が取得してよいのでしょうか。
Q16－4　ストレスチェック制度に関する情報の開示請求について、本人から事業者に開示請求を行った場合、医師の意見も含めて、医師による面接指導結果は全て開示するのでしょうか。
Q16－5　ストレスチェックの実施者は、過去（自らが実施者ではなかった時期）のストレスチェック結果を知ることはできるのでしょうか。
Q16－6　指針において、労働者に対する不利益な取扱いの防止に関して、「面接指導の要件を満たしているにもかかわらず、面接指導の申出を行わない労働者に対して、これを理由とした不利益な取扱いを行うこと」が行ってはならない行為として記載されていますが、面接指導の要件を満たしているかどうかを事業者が予め把握することを想定しているのでしょうか。労働者からの申出がない限り、把握できないのではないでしょうか。

17　外部機関によるストレスチェックの実施
Q17－1　外部機関の要件として、心理職が必要ということになっているのでしょうか。
Q17－2　外部機関にストレスチェックの実施を委託する場合には、1機関に委託できる人数は何名までというようなことを決めないのでしょうか。

18　派遣労働者に対するストレスチェック
Q18－1　派遣労働者へのストレスチェックについて、例えば、ある派遣元と雇用契約を結んでいる派遣労働者が200人おり、そのうち、ある派遣先事業場に20人が派遣されており、その事業場には20人の派遣労働者と派遣先の正規職員40人の合わせて60人の従業員がいる場合、ストレスチェックの実施義務はどこにどのように生じるのでしょうか。
Q18－2　派遣先事業者が派遣労働者についてストレスチェックを行う努力義務は何が根拠なのでしょうか。

Q18-3　派遣労働者のストレスチェック結果について、派遣先で実施したストレスチェックの結果を、本人の同意を得た上で派遣元で入手し、利用してもよいのでしょうか。
Q18-4　派遣先事業場において、派遣労働者にもストレスチェックを実施した場合、労働基準監督署に報告する様式には、派遣労働者の数も含めて報告する必要があるでしょうか。また、義務対象外のパートやアルバイト（勤務時間が正社員の４分の３未満の者）にもストレスチェックを実施した場合、同様に報告対象となるでしょうか。

<u>19　労働基準監督署への報告</u>
Q19-1　労働基準監督署への報告対象について、通常の産業医面談で終了し、ストレスチェック後の法定の面談に移行しなかった場合は、ストレスチェック制度による医師面談に該当せず、報告の必要はないということでしょうか。
Q19-2　ストレスチェックに関する労働基準監督署への報告様式には産業医の記名押印欄がありますが、産業医がストレスチェックに関与していない場合も記載する必要があるのでしょうか。
Q19-3　ストレスチェックに関する労働基準監督署への報告については罰則があるのでしょうか。また、50人未満の事業場においてストレスチェックを実施した場合には報告義務はあるのでしょうか。
Q19-4　本社と所在地が異なる事業場において、ストレスチェックを本社の産業医を実施者として実施しましたが、労働基準監督署への報告中「検査を実施した者」はどう記入すべきでしょうか。
Q19-5　面接指導を労働者によって産業医が実施する場合と他の医師が実施する場合がありますが、その場合に「面接指導を実施した者」はどう記入すべきでしょうか。
Q19-6　ストレスチェックを実施しなかった場合も、労働基準監督署に報告を行う必要はあるのでしょうか。報告しなかった場合は、罰則の対象となるのでしょうか。
Q19-7　労働基準監督署への報告について、労働安全衛生規則では、事業場ごとに報告しなければならない旨の規定はされていませんが、本社でまとめて報告するという方法も可能でしょうか。
Q19-8　労働基準監督署への報告方法について、全社員を対象に、年に複数回ストレスチェックを実施している場合、どのように報告すればよいのでしょうか。実施の都度報告するのでしょうか。
Q19-9　労働基準監督署への報告方法について、部署ごとに実施時期を分けて、年に複数回ストレスチェックを実施している場合、どのように報告すればよいのでしょうか。実施の都度報告するのでしょうか。
Q19-10　労働基準監督署への報告様式の記載方法について、在籍労働者数は、どの数を記載すればよいのでしょうか。派遣労働者やアルバイト・パートも含めた全ての在籍従業員数でしょうか。
Q19-11　労働基準監督署への報告様式の記載方法について、派遣先事業場において、派遣労働者にもストレスチェックを実施した場合、労働基準監督署に報告する様式の「検査を受けた労働者数」の欄には、派遣労働者の数も含めて報告する必要があるでしょうか。また、義務対象外のパートやアルバイト（勤務時間が正社員の４分の３未満の

者）にもストレスチェックを実施した場合、同様に報告対象となるでしょうか。また、「面接指導を受けた労働者数」の欄についてはいかがでしょうか。

20 小規模事業場に対する支援
Q20－1 産業医の選任の義務付け対象となっていない小規模事業場がストレスチェックや面接指導を実施する場合は、地域産業保健センターを活用できるということですが、地域産業保健センターで全て無料で実施していただけるということでしょうか。

21 安全配慮義務等
Q21－1 労働者がストレスチェック結果の提供に同意せず、面接指導の申出もしないために、企業側が労働者のストレスの状態やメンタルヘルス上の問題を把握できず、適切な就業上の配慮を行えず、その結果、労働者がメンタルヘルス不調を発症した場合の企業の安全配慮義務についてはどのように考えればよいのでしょうか。
Q21－2 産業医が実施者となり、ストレスチェック結果により、労働者のメンタルヘルス上の問題を把握していたにもかかわらず、労働者がストレスチェック結果の提供に同意せず、面接指導の申出もしないために、企業側に情報提供や助言指導を行えず、その結果、労働者がメンタルヘルス不調を発症した場合の産業医の安衛法上及び民事上の責任についてはどのように考えればよいのでしょうか。
Q21－3 産業医が実施者としてストレスチェックを実施し、医師による面接指導が必要と判断した労働者が、面接指導を希望せず、事業者へのストレスチェック結果の通知にも同意しない場合に、産業医から通常の産業保健活動の一環として実施する面談を受けるよう強く勧奨してもよいのでしょうか。

ストレスチェックQ&A

ストレスチェック制度関係　Q＆A

更新履歴　平成27年5月12日
　　　　　平成27年9月30日
　　　　　平成28年2月8日
　　　　　平成28年3月18日

0　制度全般について

Q0-1　法に基づく第一回のストレスチェックは、法施行後いつまでに何を実施すればいいのでしょうか。

A　平成27年12月1日の施行後、1年以内（平成28年11月30日まで）に、ストレスチェックを実施する必要があります（結果通知や面接指導の実施までは含みません。）

Q0-2　学校の職員や地方公務員についても対象となるのでしょうか。

A　私立公立を問わず学校の職員や地方公務員についても労働安全衛生法の適用があり、今回のストレスチェック制度についても実施対象となります。

Q0-3　当社は本社と事業所から成りますが、本社で一括して「事業者」として実施することは可能ですか。その場合、実施方法などについて事業所ごとに衛生委員会等での調査審議が必要でしょうか。

A　労働安全衛生法の他の規定と同様に、ストレスチェック制度の規定も、事業場ごとの適用となりますが、全社共通のルールを、全社の会議体で審議するなどして定め、それを各事業場に展開するというやり方も可能です。
　ただし、法令の規定は事業場ごとの適用となりますので、全社共通のルールについても、各事業場の衛生委員会等において確認し、労働者に周知していただくとともに、事業場ごとに実施者や実施事務従事者が異なる、実施時期が異なるなど、全社で共通化できない内容がある場合は、それぞれの事業場ごとに衛生委員会等で調査審議の上、決めていただく必要があります。
　また、実施状況についての労働基準監督署への報告も各事業場が、その事業場を管轄する労働基準監督署に対して行う必要があります。

Q0-4　建設現場など、同じ現場に関係請負人の労働者が働いている場合、ストレスチェックは関係請負人の労働者も含めて実施するのでしょうか、それともそれぞれの所属の会社で行うことになるのでしょうか。

A　ストレスチェックの実施義務はそれぞれの事業者に適用されるので、それぞれの労働者が所属する事業場ごとに実施する必要があります。なお、義務の対象となる「常時使用する労働者が50人以上」の数え方について、建設現場の場合は、独立した事業場として機能している場合を除き、直近上位の機構（営業所や支店など）を事業場とみなし、その事業場の所属労働者数で数えることとなります。

Q0-5 ストレスチェックや面接指導の費用は、事業者が負担すべきものでしょうか、それとも労働者にも負担させて良いのでしょうか。
A ストレスチェック及び面接指導の費用については、法で事業者にストレスチェック及び面接指導の実施の義務を課している以上、当然、事業者が負担すべきものです。

Q0-6 ストレスチェックや面接指導を受けるのに要した時間について、賃金を支払う必要がありますか。
A 賃金の支払いについては労使で協議して決めることになりますが、労働者の健康の確保は事業の円滑な運営の不可欠な条件であることを考えると、賃金を支払うことが望ましいです（一般健診と同じ扱い）。

Q0-7 海外の長期勤務者に対するストレスチェックはどのようになるのでしょうか。
A 海外の現地法人に雇用されている場合は、日本の法律が適用にはならず、ストレスチェックの実施義務はありませんが、日本の企業から現地に長期出張している社員の場合は、ストレスチェックを実施する必要があります（一般健診と同じ扱い）。

Q0-8 在籍出向労働者のストレスチェックの実施については、出向元または出向先のいずれにおいて行うのでしょうか。また、集団分析はどうなるのでしょうか。
A ストレスチェックの実施は、労働契約関係のある事業者において行うこととなりますが、在籍型出向の際に、出向先事業者と出向労働者の間に労働契約関係が存するか否かは、労働関係の実態、即ち、指揮命令権、賃金の支払い等総合的に勘案して判断することとされています。
このため、「在籍出向労働者」のストレスチェックを出向元で行うか、出向先で行うかについては、その実態を総合的に勘案して判断する必要があります。
なお、集団分析については、職場単位で実施することが重要であるため、在籍出向の実態にかかわらず、出向先事業者において、出向者も含めてストレスチェックを実施するとともに集団分析を実施することが望ましいです。

Q0-9 50人未満の事業場がストレスチェック制度を実施する場合についても指針に従うこととなるのでしょうか。
A 50人未満の事業場で実施する場合についても、法令、指針等に従う必要があります。ただし、労働基準監督署への報告に関しては、50人以上の事業場に対してのみ義務付けられるものですので、50人未満の事業場については、報告義務はありません。

Q0-10 指針とマニュアルの法的な位置づけはそれぞれ何でしょうか。
A 指針は法66条の10第7項に基づいて公表するものであり、事業者は、指針に基づいてストレスチェック制度を実施する必要があります。また、マニュアルは法的な位置付けのあるものではなく、事業場でストレスチェック制度を実施する際の参考として公表するものです。

ストレスチェックQ&A

> Q0-11 法に基づくストレスチェックの実施とは別に、新人研修の一環としてストレスチェックを性格検査等と組み合わせて実施することは可能でしょうか。

　A　法に基づくストレスチェックの実施とは別に、新人研修の一環としてストレスチェックを性格検査等と組み合わせて実施していただくことは可能ですが、実施した場合の結果の情報管理については、今回のストレスチェック制度における考え方等に留意していただく必要があります。

> Q0-12 嘱託産業医が実施者としてストレスチェックを行う場合、従来よりも従事時間が増加しますが、その費用の助成はありますか。

　A　労働者数50人以上の事業場については、ストレスチェック制度の実施は事業者の法的な義務であり、これにかかる費用を国が助成することは想定していません。なお、努力義務である労働者数50人未満の事業場については、複数の事業場がストレスチェックや面接指導を合同で実施した場合の費用を助成する制度を設けることとしています（平成27年６月から労働者健康福祉機構が実施予定）。

> Q0-13 ストレスチェックの実施義務の対象は、「常時50人以上の労働者を使用する事業場」とされていますが、この50人は、どこまで含めてカウントする必要があるのでしょうか。アルバイトやパート労働者も含めるのでしょうか。

　A　労働安全衛生法第66条の10に基づくストレスチェックは、労働安全衛生法施行令第５条に示す「常時50人以上の労働者を使用する事業場」に実施義務が課されています。この場合の「常時使用している労働者が50人以上いるかどうか」の判断は、ストレスチェックの対象者のように、契約期間（１年以上）や週の労働時間（通常の労働者の４分の３以上）をもとに判断するのではなく、常態として使用しているかどうかで判断することになります。
　したがって、例えば週１回しか出勤しないようなアルバイトやパート労働者であっても、継続して雇用し、常態として使用している状態であれば、常時使用している労働者として50人のカウントに含めていただく必要があります。

1　産業医の職務

> Q1-1 労働安全衛生規則により、産業医の職務に「心理的な負担の程度を把握するための検査の実施並びに同条第三項に規定する面接指導の実施及びその結果に基づく労働者の健康を保持するための措置に関すること」が追加されましたが、事業者に選任された産業医はストレスチェック制度にどこまで関与すれば、職務を果たしたことになるのでしょうか。

　A　労働安全衛生規則第14条の規程は、産業医がストレスチェックや面接指導等の実施に直接従事することまでを求めているものではありません。衛生委員会に出席して意見を述べる、ストレスチェック制度の実施状況を確認するなど、何らかの形でストレスチェックや面接指導の実施に関与すべきことを定めたものです。
　ただし、事業場の状況を日頃から把握している産業医が、ストレスチェックや面接

11

指導等の実施に直接従事することが望ましいと考えています。

2 衛生委員会等における調査審議

Q2－1 ストレスチェックを健診機関などの外部機関に委託し、産業医は共同実施者となる場合、外部機関が提案した調査票や高ストレス者選定基準について、どのように産業医の意見を聴けばよいのでしょうか。また、どのように衛生委員会等で調査審議すればいいのでしょうか。

A 外部機関から提案された調査票や選定基準について、衛生委員会等で調査審議をすることが必要です。産業医には、衛生委員会等の前にあらかじめ意見を求めるか、衛生委員会等の場で意見を求めることで差し支えありません。

Q2－2 ストレスチェック制度に関する社内規程は、どのような形式で定めればよいでしょうか。就業規則に該当するのでしょうか。

A ストレスチェック制度に関する内部規程については、特に形式を問いませんので、何らかの形で、文書化していただければ問題ありません。また、就業規則に該当するものでもありませんので、労働基準監督署への届出も必要ありません。
なお、厚生労働省のホームページ(http://www.mhlw.go.jp/bunya/roudoukijun/anzeneisei12/)に、モデル規程の例を掲載していますので、規程を定める際には、参考にしていただければと思います。

Q2－3 ストレスチェック制度に関する社内規程において、実施者、実施事務従事者、面接指導を実施する医師は、全員の氏名を規程に明記しなければならないのでしょうか。

A 社内規程において、実施者、実施事務従事者、面接指導を実施する医師を明示する目的は、労働者の個人情報であるストレスチェック結果等を具体的に誰が取り扱うことになるのかを明確にすることにあります。
従って、職名等で特定することが可能な場合は、必ずしも個人の氏名まで記載する必要はありません。また、実施事務従事者のように、個人情報を取り扱う者が複数おり、個人まで明記することが困難な場合は、例えば「●●課の職員」といったように部署名で示すことも可能です。これはストレスチェックの実施等を外部に委託する場合も同様です。
なお、社内規程では具体的に記載せず、別途社員に通知するといった記載を行い、社内掲示板に掲示する、社員全員にメールで通知するといった方法によることも可能です。

ストレスチェックQ&A

3 ストレスチェックの実施方法

Q3-1 「こころの耳」に5分でできるストレスチェックが掲載されていますが、これを労働者が実施して産業医に提出することにすれば、事業場の業務が簡略化できるのではないでしょうか。

A 「こころの耳」に掲載しているストレスチェックはセルフチェックに使用するためのものであり、集団ごとの集計・分析や高ストレス者の選定などはできないことから、労働者が「こころの耳」を利用してセルフチェックを行っただけでは、法に基づくストレスチェックを実施したことにはなりません。

　なお、国では、労働者がストレスチェックを行い、データを集計したり高ストレス者を選定したりすることができるプログラムについて今後提供することとしています。

Q3-2 機器に指を当ててストレスを計測するというものあるがようですが、この機器での測定もストレスチェックとして認められるのでしょうか。

A 法定のストレスチェックは、調査票を用いて、「職場のストレス要因」、「心身のストレス反応」、「周囲のサポート」の3つの領域に関する項目により検査を行い、労働者のストレスの程度を点数化して評価するものであり、機器による計測は、法に基づくストレスチェックに当たりません。

Q3-3 ストレスチェックの調査票に、標準的な質問項目に加え、ストレスに関連する自由記述欄を設けてもよいでしょうか。

A 法定のストレスチェックは、調査票を用いて、「職場のストレス要因」、「心身のストレス反応」、「周囲のサポート」の3つの領域に関する項目により検査を行い、ストレスの程度を点数化して評価するものです。この条件を満たしていれば、独自に自由記述欄を設けることは差し支えありません。

　ただし、事業者が調査票を決定するに当たっては、実施者の意見の聴取、衛生委員会等での調査審議を行う必要があります。また、結果の提供に当たっては、当該自由記述欄の内容についても、ストレスチェックの結果と同様に、労働者の同意なく事業者に提供することはできないことに留意する必要があります。

Q3-4 国が標準として示す57項目に加えて、ストレスに関連する独自の項目を加えることは問題ないでしょうか。また、質問数を数百に増やしたり、数項目程度に絞っても問題ないでしょうか。

A 「職場のストレス要因」、「心身のストレス反応」、「周囲のサポート」の3つの領域が含まれていれば、項目を増やしたり減らしたりしても問題はありません。ただし、独自に項目を設定する場合は、一定の科学的根拠に基づいた上で、実施者の意見の聴取、衛生委員会等での調査審議を行う必要があります。

　なお、国が標準として示す57項目よりも少ない項目で実施する場合は、実施マニュアル（32ページ）に「職業性ストレス簡易調査票の簡略版」として23項目の例が掲載されているので参考にしていただきたいと思います。

Q3-5　労働者が、事業者の指定した実施者でない「かかりつけ医」等で受検したいという場合、ストレスチェックとみなしてよいのでしょうか。

A　健康診断と異なり、ストレスチェックについては、事業者が指定した実施者以外で受けるという手続きは規定されていません。このため、事業者が指定した実施者以外で受けた場合、ストレスチェックを受けたこととはなりません。

Q3-6　ストレスチェックの数値評価を行い、これに加えて補足的に面談を行う場合は、その面談内容も守秘義務の対象となるのでしょうか。

A　補足的面談は法第66条の10の規定によるストレスチェックの実施の一環として位置づけられることから、その内容は労働者の同意なく事業者に提供することはできません。また、面談内容の情報は法第104条の守秘義務の対象となります。

Q3-7　長期出張や長期の病休のために、ストレスチェックを受検できなかった者について、どのように取り扱うべきでしょうか。

A　業務上の都合ややむを得ない理由でストレスチェックを受けることができなかった者に対しては、別途受検の機会を設ける必要があります。長期の病休者については、ストレスチェックを実施しなくても差し支えありません。

Q3-8　労働安全衛生法に基づくストレスチェックは年1回実施しており、それとは別に会社独自にストレスチェックを定期的に実施していますが、この会社独自の取組についても法令の規定に基づいて行わなければならないのでしょうか。また、監督署への報告は必要なのでしょうか。

A　会社独自に実施するストレスチェックについても、それが労働安全衛生法のストレスチェックの定義に該当する場合は、個人情報の取扱い、実施者の範囲等を含め、法令に即して対応していただく必要があり、不備があった場合は、法違反という扱いになります。

　一方、労働基準監督署長への報告については、法に基づくストレスチェックについて年に1度報告していただければ足りますので、独自に実施している分は報告をいただかなくて差し支えありません。

Q3-9　労働安全衛生法に基づくストレスチェックは年1回実施しており、それとは別に安衛法に基づく健康診断の問診として CES-D を実施し、その結果は本人の同意を取らずに企業が把握していますが、法的に問題ありますか。

A　CES-D は、今回のストレスチェック定義に基づけば、ストレスの要因や周囲のサポートに関する質問項目を含むものではないので、企業で実施することに法的な制約はかかりませんが、ストレスチェック制度では、個人のストレスの状況を本人の同意なく企業側に知られないようにするための制限を設けていることを踏まえれば、健康診断の中で CES-D を実施し、本人の同意を取らずにその結果を企業が把握することは望ましくはありません。

　実施する場合は、今回のストレスチェック制度に準じて、結果を企業側に提供する

場合は本人の同意を取る等の対応が望ましいです。

> Q3-10 インターネット上などで、無料で受けることができるメンタルヘルスに関するチェックを社員に受けてもらうことで、労働安全衛生法に基づくストレスチェックを実施したものとみなしていいでしょうか。

A インターネット上などで、無料で受けることができるメンタルヘルスに関するチェックは、一般的に受検者が入力した情報をシステムが自動集計し、結果を自動表示するものと考えられますので、ストレスチェック結果を実施者が確認し、面接指導が必要かどうかを判断すること等、労働安全衛生法令に規定する方法で実施することができないため、労働安全衛生法に基づくストレスチェックを実施したものとみなすことはできません。

4 高ストレス者の選定

> Q4-1 高ストレス者の選定基準について具体的な数値は示すのでしょうか。また、事業場における選定基準の設定の仕方として上位〇%が入るように、といった目安は示すのでしょうか。

A ストレスチェック制度実施マニュアルに、職業性ストレス簡易調査票を使用した20万人のデータから、57項目及びその簡略版23項目について、高ストレス者が10%となるようにする場合の具体的な数値基準の例を示しています。ただし、各事業場における数値基準は衛生委員会等で調査審議の上で事業場毎に決めていただく必要があり、一律に目安を示すものではありません。

> Q4-2 高ストレス者の選定基準については、事業場内で同一のものを使用すべきなのでしょうか、それとも例えば事務職と技能職といったような職種毎に基準を設定してもかまわないのでしょうか。

A 高ストレス者の選定基準を、例えば職種毎に設定することは差し支えありません。ただし、選定基準については、各事業場の衛生委員会等で調査審議した上で決定する必要があります。

> Q4-3 高ストレス者の選定は、「心身の自覚症状に関する項目の評価点数の合計が高い者」又は「心身の自覚症状に関する項目の評価点数の合計が一定以上であって、心理的な負担の原因に関する項目及び他の労働者による支援に関する項目の評価点数の合計が著しく高い者」の要件を満たす者となっていますが、このどちらかを選べばよいのでしょうか。それとも両方を選ぶ必要があるのでしょうか。

A 両方選んでいただく必要があります。心身の自覚症状に関する項目の評価点数の合計が高い者はもちろんですが、心身の自覚症状についての評価点数がそれほど高くなくても、心理的な負担の要因や周囲の支援の評価点数が著しく高い場合は、メンタルヘルス不調のリスクが高いため、高ストレス者と評価し、必要な対応につなげていただく必要があります。

5 受検の勧奨

Q5-1 事業者が行う受検勧奨について、安全配慮義務の観点からどのくらいの頻度・程度で受検勧奨するのが妥当なのでしょうか。
A 受検勧奨の妥当な程度はそれぞれの企業の状況によっても異なると考えられます。その方法、頻度などについては、衛生委員会等で調査審議をしていただいて決めていただきたいと思います。ただし、例えば就業規則で受検を義務付け、受検しない労働者に懲戒処分を行うような、受検を強要するようなことは行ってはいけません。

Q5-2 受検率が低い場合、これを理由として労働基準監督署から指導されるといったことがあるのでしょうか。
A 労働基準監督署への報告は、ストレスチェック制度の実施状況を把握するためのものであり、ストレスチェックの受検率が低いことをもって指導することは考えていません。

Q5-3 個々の労働者のストレスチェックの受検の有無の情報について、受検勧奨に使用する途中段階のものではなく、最終的な情報(誰が最終的に受けなかったのかという情報)を事業者に提供して良いでしょうか。
A ストレスチェックの受検の有無の情報については、個人情報という取扱いにはなりませんので、事業者に提供することは可能です。ただし、どのような目的で最終的な受検の有無の状況を事業者に提供するのか、不利益な取扱いにつながらないようにすることなどについては、衛生委員会等で調査審議を行い、社内のルールとして決めておいていただくことが望ましいです。

6 ストレスチェックの実施者

Q6-1 ストレスチェックを外部委託し、事業所の産業医は個々人の結果を把握するために、共同実施者となる予定ですが、どの程度関与していれば共同実施者といえるのでしょうか。
A 少なくとも、事業者が調査票や高ストレス者選定基準を決めるに当たって意見を述べること、ストレスチェックの結果に基づく個々人の面接指導の要否を確認することが必要です。

Q6-2 看護師や精神保健福祉士が、実施者となるための研修はいつどこで受講できるのでしょうか。
A 研修会の実施機関については、関係団体等を通じて周知を行う予定であり、今後、情報を確認して頂きたいと思います。

ストレスチェックQ&A

> **Q6－3** 看護師、精神保健福祉士を対象とした研修については、誰が実施してもよいのでしょうか。例えば事業者が実施してもよいのでしょうか。

　A　告示及び通達で定められた研修の内容、講師等の要件を満たしていれば、誰が実施しても差し支えありません。

> **Q6－4** 部下に対する人事権を有する産業医は、ストレスチェックの実施者になれないのでしょうか。

　A　省令に規定されているとおり、人事権を有する者については、その人事権に係る労働者に対するストレスチェックの実施者にはなれません。
　そのため、例えば、産業医に部下がいて、その部下に係る人事権を有する場合には、その人事権が及ぶ範囲の部下に対するストレスチェックを実施することはできませんが、当該部下以外の労働者（その者が有する人事権とは関係のない労働者）に対するストレスチェックの実施者になることは可能です。

> **Q6－5** 病院長がストレスチェックの実施者となることや、面接指導を実施することは可能でしょうか。なれない場合は、誰が実施すればよろしいのでしょうか。

　A　病院長は一般的に人事権を持っていると考えられるので、ストレスチェックの実施者にはなれません。このため、人事権を持っていない、他の医師や保健師、一定の研修を受けた看護師、精神保健福祉士から実施者を選ぶことになります。
　一方、面接指導の実施については医師であれば制限はしていませんので、病院長が携わることは、法令上、問題はありません。
　ただし、病院長が面接指導の実施者になることにより、労働者が申出を躊躇したり、適切な事後措置がなされないおそれがあるような場合には、制度の趣旨に合致しないこととなるので、適切な運用がなされるように面接指導を実施する医師を選定していただきたいと思います。

> **Q6－6** 看護師や精神保健福祉士が、研修を受けなくてもストレスチェックの実施者となれる健康管理等の業務の経験年数三年について、例えば健診機関や病院で企業健診に関わっているような場合や、特定保健指導のみに従事しているような場合も経験年数に含まれるのでしょうか。

　A　三年以上企業健診に従事した者であれば、原則として労働者の健康管理等の業務に従事したと見なせますので、研修を受けなくてもストレスチェックの実施者となることは可能です。ただし、企業健診に従事したといっても、例えば問診票の点検や採血業務だけ担当していたなど、従事した業務が一般的な健康管理と違いのない業務に限定され、労働者の健康管理についての知識を得る機会がないとみなされる場合は、労働者の健康管理等の業務に従事したとはいえないため、業務内容によっては該当しない場合もありますのでご留意が必要です。判断に迷う場合は、最寄りの労働基準監督署にご相談下さい。
　なお、住民健診に関する業務は労働者の健康管理等には該当しません。
　また、労働者の健康管理等の業務には、労働者に対する保健指導も含まれますので、

三年以上労働者に対する特定保健指導に従事した看護師であれば、原則として労働者の健康管理等の業務に従事したと見なせますので、研修を受けなくてもストレスチェックの実施者となることは可能です。

Q6-7　看護師や精神保健福祉士が、実施者となるための研修の科目のうち「事業場におけるメンタルヘルス対策」には、自殺対策も含まれているのでしょうか。【New!】

A　事業場におけるメンタルヘルス対策には、ストレスチェック制度の活用や職場環境等の改善を通じて、メンタルヘルス不調を未然に防止する「一次予防」、メンタルヘルス不調を早期に発見し、適切な措置を行う「二次予防」、メンタルヘルス不調となった労働者の職場復帰を支援等を行う「三次予防」が含まれますが、「労働者の心の健康の保持増進のための指針」（平成18年3月31日　労働者の健康の保持増進のための指針公示第3号）では、「メンタルヘルス不調」の定義として「精神および行動の障害に分類される精神障害や自殺のみならず、ストレスや強い悩み、不安など、労働者の心身の健康、社会生活および生活の質に影響を与える可能性のある精神的および行動上の問題を幅広く含むものをいう」とされており、「自殺」も含まれていますので、実施者となるための研修科目の「事業場におけるメンタルヘルス対策」には自殺対策も含まれています。

7　ストレスチェック結果の通知

Q7-1　外部機関に委託した場合で、ストレスチェックの労働者の回答に不備があった場合、外部機関が当該労働者に直接送り返して書き直してもらうということはあり得るのでしょうか。

A　ストレスチェックの回答に不備があれば適宜やりとりしていただくことはあり得ます。ただし、回答を本人以外の人に見られないようにするなど情報管理には留意する必要があります。

Q7-2　外部機関に委託して実施する場合、ストレスチェック結果は労働者の自宅あてに送付することになるのでしょうか。

A　自宅に送付する方法もありますが、個人ごとに、容易に内容を見られない形で封をしたものを事業場に送付して、それを事業場内で各労働者に配布することも可能です。

Q7-3　ストレスチェックの結果として、①ストレスプロフィールなど、②高ストレス者への該当の有無、③面接指導の要否を、セットで労働者に通知しなければならないのでしょうか。

A　まずは全員にストレスプロフィールなどを伝えて、②及び③の該当者について後日通知してもかまいません。ただし、高ストレス者に該当する者にだけ通知の封筒が届くなど他の人が該当者を類推できるような方法で通知しないよう配慮が必要です。

8　結果の提供に関する同意の取得

Q8-1　ストレスチェック結果については、全労働者の結果を事業者へ情報開示しないということを事業場で取り決めてもよいのでしょうか。

A　事業場の衛生委員会等で調査審議を行った上で、事業者は個々人のストレスチェック結果を把握しないこととすることは可能です。この場合は労働者の同意を得る手続きは省略することができます。

Q8-2　同意取得はストレスチェック結果の通知後ということですが、結果通知に同意確認書類を同封してもよいのでしょうか。

A　労働者本人が結果を見て同意するかどうか判断できるので、通知時に同封することは可能です。

Q8-3　高ストレス者について事業者への結果提供の同意がなく、実施者のみが結果を保有している場合に、面接指導以外の保健指導等を行わなければならないのでしょうか。

A　法的には保健指導等の実施が義務づけられているものではありませんが、高ストレスの状態で放置されないように相談対応等を行うことが望ましいと考えています。

Q8-4　本人が退職した後に、当該者のストレスチェック結果について、提供してほしいという要求が事業者から実施者にあった場合、その結果は本人同意を取らずに提供してよいでしょうか。

A　本人が退職した後も、個人情報としての取扱いは変わりませんので、実施者が事業者に提供する場合には、本人の同意を取っていただく必要があります。

9　面接指導の申出の勧奨

Q9-1　ストレスチェック実施を外部機関に委託した場合、本人への面接指導の勧奨は外部機関からなのか、嘱託の産業医からなのかどちらなのでしょうか。

A　面接指導の勧奨は、ストレスチェックの実施者が行うことが望ましいです。このため、嘱託産業医がストレスチェックの共同実施者でない場合は、外部機関の実施者が本人に勧奨することになりますが、嘱託産業医が共同実施者である場合は、嘱託産業医が勧奨することが望ましいです。具体的な勧奨の方法等については、衛生委員会等で調査審議の上で事業場ごとに決めていただきたいと思います。

Q9-2　面接指導の実施率が低い場合、これを理由として労働基準監督署から指導されるといったことがあるのでしょうか。

A　労働基準監督署への報告は、ストレスチェック制度の実施状況を把握するためのものであり、また、面接指導は労働者からの申出に基づいて実施するものであるため、面接指導の実施率が低いことについて指導することは考えていません。

10 結果の記録・保存

Q10-1 ストレスチェック結果の保存をストレスチェックを実施した外部機関に委託する場合、毎年委託先を変更する時は、記録の保存場所が毎年異なることになるのでしょうか。

A 外部機関の委託先が変われば、それぞれの外部機関が実施した分のストレスチェック結果をそれぞれの機関で保存することになります。
なお、外部委託した場合でも事業場の産業医が共同実施者になっていれば、その産業医が保存することも可能であり、また、その産業医のほかに実施事務従事者がいれば、その者が保存することも可能です。このため、産業医や実施事務従事者(事業場内の衛生管理者など)に保存をさせることとして、各事業場において毎年の結果の記録を保存することも可能です。

Q10-2 ストレスチェック結果の保存を担当する者が交代する場合、過去のストレスチェック結果を引き継ぐことはできるのでしょうか。

A ストレスチェック結果の保存を担当する者が変更になる場合、過去のストレスチェック結果を引き継ぐことは可能です。
事業者には、ストレスチェックの結果の記録の保存が適切に行われるよう、必要な措置を講じる義務があります。したがって、保存を担当する者が変更された場合も、保存が適切に継続されるような対応が法令上求められており、その中には、保存を担当する者の指名や、保存を担当する者を変更した場合の結果の引き継ぎも含まれます。
したがって、保存を担当する者の変更に伴い、事業者の指示に基づき、これまでの保存担当者が、新たに指名された保存担当者に過去のストレスチェック結果を提供する行為は、労働安全衛生規則第52条の11で義務付けられている行為を遂行するために必要な行為であり、個人情報保護法第23条の適用は受けず、安衛法第104条に抵触もせず、本人同意を取得する必要はありません。

11 面接指導対象者の要件

Q11-1 高ストレス者の選定に関して、プログラムの自動判定結果で高ストレスと出た場合は、医師の判断を経ずに面接指導の対象者としても良いのでしょうか。実施者の判断があったかどうかを残しておく必要があるのでしょうか。

A 高ストレス者の判定は自動的に行ってもよいですが、面接指導が必要かどうかは改めて実施者の判断が求められます。その際には、例えば対象者名簿に押印するなど、実施者が判断したことが分かる記録を残しておくことが望ましいです。

Q11-2 ストレスチェックでは面接指導対象者と選定されなかった労働者が面接指導を申し出た場合、どうすればよいのでしょうか。

A 面接指導を実施する対象者としての要件に該当しなかった労働者から申出があった場合は、法令上、事業者に面接指導を行う義務はありません。その場合に面接指導を

実施するか否かについては、事業場ごとに取扱いを定めて対応していただきたいと思います。

Q11−3 事業場の規程として、数値基準により高ストレスと判定された者については、全員面接指導の対象者とすると決めていたとすれば、システムでストレスチェックを実施し、その結果が高ストレス者に該当するかどうか、面接指導の対象者かどうかを瞬時に出力し、それをもって結果の通知まで終了したとすることは可能でしょうか。

A　Q11−1の回答と同様に、高ストレス者の判定は自動的に行ってもよいですが、面接指導が必要かどうかは、実施者が確認・判断しない限り、ストレスチェックを実施したことにはなりません。

したがって、例えば、高ストレス者と判定された者を、実施者の確認・判断を経ることなく、面接指導の対象者として決定し、本人に通知するといったルールを定めたり、そうした処理を自動的に行うプログラムを用いてストレスチェックを実施することは不適当です。

12　面接指導の実施

Q12−1 ストレスチェックの実施と面接指導の実施を別の者が実施することもあり得るのでしょうか。

A　あり得ます。

Q12−2 面接指導対象者は、実施者の判断で、高ストレス者の中から、実施者が判断して絞り込むということになるのでしょうか。

A　面接指導の対象者は、事業場で定めた選定基準に基づいて選定した高ストレス者について、実施者が判断していただくことになりますので、例えば、補足的に面談を行った場合などについては、その面談結果を参考にして実施者が絞り込む場合があり得ますし、高ストレス者全員をその評価結果を実施者が確認の上で面接指導対象者とする場合もあり得ます。

Q12−3 法第66条の8に基づく長時間労働による面接指導と法第66条の10に基づくストレスチェック結果による面接指導と、両方の要件に該当して申出があった場合、面接指導は同時に実施していいのでしょうか。

A　過重労働の面接指導と実施時期が重なるということであれば、兼ねていただいても問題ありません。過重労働の中で確認すべき事項と、高ストレスの中で確認すべき事項と両方確認していただければ、面接指導は1回で差し支えありません。ただし、結果の記録や意見書には、両方の確認事項が記載されていることが必要です。

なお、法第66条の10に基づく面接指導の実施状況については、労働基準監督署への報告の必要がありますので、ご留意下さい。

Q12-4　面接指導はテレビ電話等を利用してもいいのでしょうか。
　A　面接指導の実施に当たり、テレビ電話等の情報通信機器を利用する場合の考え方及び要件については、平成27年9月15日付け通知「情報通信機器を用いた労働安全衛生法第66条の8第1項及び第66条の10第3項の規定に基づく医師による面接指導の実施について」(http://www.mhlw.go.jp/bunya/roudoukijun/anzeneisei12/)に示しています。
　　この通知に示す要件を満たしていただければ、情報通信機器を用いて面接指導を実施していただくことは可能です。ただし、電話による面接指導は認められません。

Q12-5　事業者が面接指導の実施を外部の医療機関の医師に依頼した場合、医師は保険診療扱いとしてよいのでしょうか。
　A　保険診療扱いはできません。労働安全衛生法に基づくストレスチェック後の面接指導は、事業者に実施義務を課していますので、その費用は当然に全額事業者が負担すべきものです。

Q12-6　高ストレス者に対して、実施者である産業医や保健師が、まずは通常の産業保健活動の一環として面談を実施し、その中で必要と判断された者について、労働安全衛生法に基づく面接指導を実施するというやり方も認められるのでしょうか。
　A　面接指導の対象とすべき労働者は、「高ストレス者として選定された者であって、面接指導を受ける必要があると実施者が認めた者」ですので、実施者である産業医や保健師が、高ストレス者に対して、まずは通常の産業保健活動の一環として面談を実施し、その結果をもとに実施者が、中で労働安全衛生法に基づく医師の面接指導の対象者とすべき労働者を選定する方法も可能です。

13　医師の意見聴取

Q13-1　面接指導の結果に基づき、医師が事業者に就業上の措置について意見を言うことになりますが、本人が事業者へ伝えることを拒む場合には、どうすればよいのでしょうか。
　A　面接指導を踏まえた就業上の措置に関する医師の意見については、必要な情報に限定すれば本人の同意が無くても事業者に伝えることができる仕組みですが、円滑に行うためには、面接指導にあたり事前に本人にその旨説明し、了解を得た上で実施することが望ましいです。
　　事前に了解が得られない場合は、法に基づく面接指導は事業者に結果が伝わる仕組みである旨を説明し、本人の了解を得た上で、法に基づく面接指導としてではなく、事業者に伝えないことを前提に、通常の産業保健活動における相談対応として実施することも考えられます。

ストレスチェックQ&A

Q13-2 面接指導の結果報告書や意見書を事業者に提出するに当たって、労働者本人の同意を得る必要はないのでしょうか。【New!】

A 面接指導を踏まえた就業上の措置に関する医師の意見については、必要な情報に限定すれば本人の同意が無くても事業者に伝えることができる仕組みですが、円滑に行うためには、面接指導にあたり事前に本人にその旨説明し、了解を得た上で実施することが望ましいです。

また、医師が面接指導で聴取した内容のうち、詳細な内容を除いて、労働者の安全や健康を確保するために事業者に伝える必要がある情報については、事業者が適切な措置を講じることができるように事業者に提供しますが、事業者への意見提出においては労働者本人の意向への十分な配慮が必要です。

14 就業上の措置

Q14-1 就業上の措置として労働時間の短縮という言葉が出てきますが、これは、8時間の就業時間をさらに短縮するということではなく、就業規則に則った範囲での短縮だということでよいでしょうか。

A ケースバイケースとは思われますが、趣旨としては時間外労働や休日労働の削減を意味するものです。なお、就業上の措置を決定する場合には、あらかじめ当該労働者の意見を聴き、十分な話し合いを通じてその労働者の了解が得られるよう努めるとともに、労働者に対する不利益な取扱いにつながらないよう留意する必要があります。

15 集団毎の集計分析

Q15-1 当社は全ての部署が10人以下ですが、会社全体の集団分析以外はできないのでしょうか。

A いくつかの部署を合わせて集団分析を行うことも可能ですし、例えば対象集団について、ストレスチェックの評価点の総計の平均値を求める方法など個人が特定されるおそれのない方法であれば、10人を下回っていても集団分析は可能ですので、事業場の実情に応じ、工夫して対応していただきたいと思います。

Q15-2 法定のストレスチェックと別に、職場環境把握用の調査・分析を実施した場合は、ストレスチェックに基づく集団分析は実施しなくてもよいのでしょうか。

A 一定の科学的根拠があるなど、効果的に職場のストレスに関する職場環境把握が行える調査・分析を別途実施するということであれば、必ずしも法定のストレスチェック結果に基づく集団分析を実施していただく必要はありません。

なお、この場合であっても、法定のストレスチェックは省令に規定する3つの領域に関する項目が含まれた調査票で実施していただく必要があります。

Q15－3 10人を下回る集団でも労働者の同意なく集計・分析できる方法とは、どういう方法なのでしょうか。

A 個々の労働者が特定されるおそれがないような方法で実施することが考えられます。例えば、ストレスチェックの評価点の総計の平均値を求める方法などが考えられます。具体的に、集団ごとの集計・分析を、どのような方法で実施するかについては、衛生委員会等で調査審議した上で決めていただきたいと思います。

Q15－4 10人を下回る集団でも労働者の同意なく集計・分析できる方法として、「仕事のストレス判定図」を用いることは可能でしょうか。

A 「仕事のストレス判定図」は、職業性ストレス簡易調査票の57項目の質問のうち、心理的な仕事の負担（量）、仕事のコントロール度、上司からのサポート、同僚からのサポートの4つの尺度（それぞれの尺度の質問数は3問）ごとの評価点の合計について、その平均値を求め、その値によって職場のストレス状況について分析する方法です。

この方法は、直ちに個人の結果が特定されるものではないことから、10人を下回る集団においても、「仕事のストレス判定図」を用いて集団ごとの集計・分析を行うことは可能です。ただし、この手法による場合も、2名といった極端に少人数の集団を対象とすることは、個人の結果の特定につながるため不適切です。

なお、「仕事のストレス判定図」を用いて10人を下回る集団を対象として集団ごとの集計・分析方法を行う場合も、衛生委員会等で調査審議した上で事業場内の規程として定め、労働者に周知していただく必要があります。

<u>16 健康情報の取扱い</u>

Q16－1 ストレスチェックとは違う場面で労働者に面接を行う中でメンタルヘルス不調を把握し、必要に応じてその労働者を医療機関に紹介するということもあると思いますが、その場合にストレスチェック結果を医療機関に提供することできるのでしょうか。

A ストレスチェック結果は受検者の同意が得られなければ、第三者となる医療機関には提供はできません。

Q16－2 個人データを氏名、年齢、所属部署などを削除し、個人が識別できない状態にしてストレスチェック結果を事業者が取得することは可能でしょうか。

A 当該データにより、または他の情報と照合しても個人識別ができない状態であれば、その情報は個人情報には当たらないので、事業者による取得に特段の制限はかかりません。しかし、人数が少なく、個人が特定されるおそれがある場合は、実施者から取得することは望ましくなく、こうした情報を事業者が取得する場合は、あらかじめ衛生委員会等で取得目的、共有範囲、活用方法等について調査審議を行い、その内容について労働者に周知していただく必要があります。

ストレスチェックQ&A

> Q16-3 ストレスチェックの結果、「高ストレス者が何人いたか」「面接指導の対象者が何人いたか」のデータを実施者から事業者が取得してよいのでしょうか。

A 集団内の高ストレス者や面接指導対象者の人数自体は、個人情報には当たらないため、事業者による取得に特段の制限はかかりませんが、小さな集団の内数など、個人が特定されるおそれがある場合は、実施者から取得することは望ましくありません。こうした情報を事業者が取得する場合は、あらかじめ衛生委員会等で取得目的、共有範囲、活用方法等について調査審議を行い、その内容について労働者に周知していただく必要があります。

> Q16-4 ストレスチェック制度に関する情報の開示請求について、本人から事業者に開示請求を行った場合、医師の意見も含めて、医師による面接指導結果は全て開示するのでしょうか。

A 個人情報保護法第25条第1項の規定により、本人から、当該本人が識別される保有個人データの開示を求められたときは、本人に対し、当該保有個人データを開示しなければなりませんが、開示することにより、①本人又は第三者の生命、身体、財産その他の権利利益を害するおそれがある場合、②当該個人情報取扱事業者の業務の適正な実施に著しい支障を及ぼすおそれがある場合、③他の法令に違反することとなる場合、のいずれかに該当する場合は、その全部又は一部を開示しないことができます。

このため、面接指導結果については、本人から開示の請求があった場合は、原則として開示する必要がありますが、面接指導結果の中には、業務との関連性に関する判断や、就業上必要と思われる措置に関する意見、職場環境の改善に関する意見なども含まれており、本人に開示することにより、本人、面接指導を行った医師、事業者の間の関係が悪化するなど、これらの者の利益を害するおそれがある場合や、症状についての詳細な記載があって、本人に十分な説明を行ったとしても、本人に重大な心理的影響を与え、その後の対応に悪影響を及ぼす場合なども考えられますので、結果に記載されている内容に応じて、どこまで開示するべきかを個別に判断する必要があります。

> Q16-5 ストレスチェックの実施者は、過去(自らが実施者ではなかった時期)のストレスチェック結果を知ることはできるのでしょうか。

A ストレスチェックの実施者が、必要に応じて過去(自らが実施者ではなかった時期)のストレスチェック結果を知ることは問題ありません。

ストレスチェックによる高ストレス者の選定や面接指導の要否の判定のためには、ストレスの傾向や変化を把握し、比較検討するため、過去のストレスチェック結果を参照する必要がある場合があります。

このため、労働安全衛生法第66条の10に基づき、事業者が医師等の実施者によるストレスチェックを行うという行為は、必要に応じて、実施者に過去のストレスチェック結果を参照させることも含む概念です。

したがって、ストレスチェックの実施者が、ストレスチェックの実施において、過去のストレスチェック結果を参照する必要が生じた場合に、事業者から当該結果を保

25

存している担当者に結果提供の指示をしてもらい、過去の結果の保存担当者から、過去のストレスチェック結果の提供を受ける行為は、安衛法第66条の10で義務付けられている行為を遂行するために必要な行為であることから、個人情報保護法第23条の適用は受けず、安衛法第104条に抵触もせず、本人同意を取得する必要はありません。

Q16-6 指針において、労働者に対する不利益な取扱いの防止に関して、「面接指導の要件を満たしているにもかかわらず、面接指導の申出を行わない労働者に対して、これを理由とした不利益な取扱いを行うこと」が行ってはならない行為として記載されていますが、面接指導の要件を満たしているかどうかを事業者が予め把握することを想定しているのでしょうか。労働者からの申出がない限り、把握できないのではないでしょうか。

A 労働者が面接指導の要件を満たしているかについて事業者が把握できるのは、本人の同意によってストレスチェック結果が事業者に提供された場合又は本人から面接指導の申出があったことにより事業者がストレスチェック結果を把握可能になった場合に限られます。

したがって、指針の面接指導の申出を行わない労働者に対する不利益な取扱いに関する記載は、本人の同意によってストレスチェック結果が事業者に提供され、事業者が、労働者が面接指導の要件を満たしているかどうかを把握している場合を想定しているものです。

17 外部機関によるストレスチェックの実施

Q17-1 外部機関の要件として、心理職が必要ということになっているのでしょうか。

A 外部機関の要件は定めていませんが、外部機関においてストレスチェックや面接指導が適切に実施できる体制及び情報管理が適切に行われる体制が整備されているか等について事前に確認いただくことが望ましいと考えています。具体的には実施マニュアル（117ページ）に外部委託の場合のチェックリスト例が掲載されているので参考にしていただきたいと思います。

Q17-2 外部機関にストレスチェックの実施を委託する場合には、1機関に委託できる人数は何名までというようなことを決めないのでしょうか。

A 外部機関によって実施体制、実施方法等に差異があるため、外部機関がストレスチェックを実施する場合に1機関何名までという基準を示すことは予定していません。

18　派遣労働者に対するストレスチェック

> Q18－1　派遣労働者へのストレスチェックについて、例えば、ある派遣元と雇用契約を結んでいる派遣労働者が200人おり、そのうち、ある派遣先事業場に20人が派遣されており、その事業場には20人の派遣労働者と派遣先の正規職員40人の合わせて60人の従業員がいる場合、ストレスチェックの実施義務はどこにどのように生じるのでしょうか。

A　派遣元がストレスチェックを実施する場合には、派遣元と雇用契約を結んでいる派遣労働者が50人以上いるかという点で判断するので、例えば200人いるということであれば、何人をどこに派遣していようが、ストレスチェックを実施する義務が派遣元に生じます。

　また、派遣先事業者に労働者が60人（内20人が派遣労働者）という場合、正規の労働者は40人しかいなくても、事業場の人数の数え方は派遣労働者を含めてカウントするため、そのような派遣先にはストレスチェックの実施義務があり、派遣先は40人の正規労働者に対してストレスチェックを実施する義務が生じることになります。

　なお、派遣先については、派遣労働者に対しストレスチェックを実施する義務はありませんが、派遣労働者20人に対してもストレスチェックを実施するとともに、職場の集団ごとの集計・分析を実施することが望まれます。

> Q18－2　派遣先事業者が派遣労働者についてストレスチェックを行う努力義務は何が根拠なのでしょうか。

A　法令に基づく努力義務ではなく、指針による望ましい措置となります。

> Q18－3　派遣労働者のストレスチェック結果について、派遣先で実施したストレスチェックの結果を、本人の同意を得た上で派遣元で入手し、利用してもよいのでしょうか。

A　本人の同意があれば、派遣先が実施したストレスチェックの結果を派遣元が入手して利用することも可能ですが、派遣労働者に対するストレスチェックの実施義務は派遣元にありますので、派遣先の結果を利用する場合は、派遣元が派遣先に実施を委託していただき、実施費用も派遣元が負担する必要があります。本人同意を得て派遣先が実施した結果の写しなどを入手するだけでは、派遣元がストレスチェックを実施したものとはみなされません。

> Q18－4　派遣先事業場において、派遣労働者にもストレスチェックを実施した場合、労働基準監督署に報告する様式には、派遣労働者の数も含めて報告する必要があるでしょうか。また、義務対象外のパートやアルバイト（勤務時間が正社員の4分の3未満の者）にもストレスチェックを実施した場合、同様に報告対象となるでしょうか。

A　労働基準監督署への報告は、法律に定められている義務が適切に履行されているかどうかを確認するためのものです。したがって、労働基準監督署に報告いただくのは、義務の対象となっている人数となりますので、派遣先における派遣労働者や、義務対象外のパート・アルバイトについては、報告する人数に含めていただく必要はありま

せん。

19 労働基準監督署への報告

Q19-1 労働基準監督署への報告対象について、通常の産業医面談で終了し、ストレスチェック後の法定の面談に移行しなかった場合は、ストレスチェック制度による医師面談に該当せず、報告の必要はないということでしょうか。

A 報告いただくのは法第66条の10に基づく面接指導の実施人数であり、通常の産業医面談の人数ではありません。

Q19-2 ストレスチェックに関する労働基準監督署への報告様式には産業医の記名押印欄がありますが、産業医がストレスチェックに関与していない場合も記載する必要があるのでしょうか。

A 産業医の職務にはストレスチェックと面接指導に関する事項が含まれており、少なくとも報告の内容は産業医にも知っておいていただくべきものなので、産業医がストレスチェックに関与していなくても報告内容を確認の上で産業医欄に記名押印していただきたいと思います。

Q19-3 ストレスチェックに関する労働基準監督署への報告については罰則があるのでしょうか。また、50人未満の事業場においてストレスチェックを実施した場合には報告義務はあるのでしょうか。

A 労働基準監督署への報告は労働安全衛生法第100条に基づくものであり、違反の場合には罰則があります。50人未満の事業場については、報告義務はありません。

Q19-4 本社と所在地が異なる事業場において、ストレスチェックを本社の産業医を実施者として実施しましたが、労働基準監督署への報告中「検査を実施した者」はどう記入すべきでしょうか。

A 「2 事業場所属の医師（1 以外の医師に限る。）、保健師、看護師又は精神保健福祉士」として記入していただきたいと思います。

Q19-5 面接指導を労働者によって産業医が実施する場合と他の医師が実施する場合がありますが、その場合に「面接指導を実施した者」はどう記入すべきでしょうか。

A 主として面接指導を実施する者について記入していただきたいと思います。

Q19-6 ストレスチェックを実施しなかった場合も、労働基準監督署に報告を行う必要はあるのでしょうか。報告しなかった場合は、罰則の対象となるのでしょうか。

A ストレスチェックを実施しなかった場合も、労働安全衛生法第100条及び労働安全衛生規則第52条の21の規定に基づき、「心理的な負担の程度を把握するための検査結果等報告書（様式第6号の2）」を所轄の労働基準監督署長に提出する義務があります。また、提出しなかった場合は、労働安全衛生法第120条第5項の規定に基づき、罰

則の対象となります。

Q19-7　労働基準監督署への報告について、労働安全衛生規則では、事業場ごとに報告しなければならない旨の規定はされていませんが、本社でまとめて報告するという方法も可能でしょうか。

A　労働基準監督署への報告については、事業場ごとに、管轄の労働基準監督署まで提出していただく必要がありますので、本社でまとめて報告することはできません。

Q19-8　労働基準監督署への報告方法について、全社員を対象に、年に複数回ストレスチェックを実施している場合、どのように報告すればよいのでしょうか。実施の都度報告するのでしょうか。

A　労働基準監督署への報告は、1年に1回、法令に定められている事項の実施状況を報告していただくためのものですので、全社員を対象に複数回実施している場合は、そのうち1回分について報告していただくようお願いします。実施の都度、複数回報告していただく必要はありません。

Q19-9　労働基準監督署への報告方法について、部署ごとに実施時期を分けて、年に複数回ストレスチェックを実施している場合、どのように報告すればよいのでしょうか。実施の都度報告するのでしょうか。

A　1年を通じて部署ごとに実施時期を分けて実施している場合は、1年分をまとめて、会社全体の実施結果について報告していただく必要があります。実施の都度、複数回報告していただく必要はありません。ご報告いただく際、「検査実施年月」の欄には、報告日に最も近い検査実施年月を記載いただくようお願いします。

Q19-10　労働基準監督署への報告様式の記載方法について、在籍労働者数は、どの数を記載すればよいのでしょうか。派遣労働者やアルバイト・パートも含めた全ての在籍従業員数でしょうか。

A　労働基準監督署への報告は、法令に定められている事項の実施状況を確認するためのものです。したがって、労働基準監督署に報告いただく様式の「在籍労働者数」の欄に記載するのは、ストレスチェックの実施時点（実施年月の末日現在）でのストレスチェック実施義務の対象となっている者の数（常時使用する労働者数）となります。

具体的には、正規労働者及び以下の条件をどちらも満たすパート・アルバイトの数を記載していただくことになりますので、派遣先における派遣労働者や、以下の条件に満たないパート・アルバイトは在籍労働者数に加えていただく必要はありません。

① 期間の定めのない労働契約により使用される者（期間の定めのある労働契約により使用される者であって、当該契約の契約期間が1年以上である者並びに契約更新により1年以上使用されることが予定されている者及び1年以上引き続き使用されている者を含む。）であること。

② その者の1週間の労働時間数が当該事業場において同種の業務に従事する通常の労働者の1週間の所定労働時間数の4分の3以上であること。

Q19-11 労働基準監督署への報告様式の記載方法について、派遣先事業場において、派遣労働者にもストレスチェックを実施した場合、労働基準監督署に報告する様式の「検査を受けた労働者数」の欄には、派遣労働者の数も含めて報告する必要があるでしょうか。また、義務対象外のパートやアルバイト（勤務時間が正社員の4分の3未満の者）にもストレスチェックを実施した場合、同様に報告対象となるでしょうか。また、「面接指導を受けた労働者数」の欄についてはいかがでしょうか。

A 労働基準監督署への報告は、法令に定められている事項の実施状況を確認するためのものです。したがって、労働基準監督署に報告いただく様式の「検査を受けた労働者数」の欄に記載するのは、ストレスチェックの実施義務の対象となっている者のうち、ストレスチェックを受けた人数となりますので、派遣先における派遣労働者や、義務対象外のパート・アルバイトについては、ストレスチェックを受けていたとしても、様式に記載する人数に含めていただく必要はありません。

20 小規模事業場に対する支援

Q20-1 産業医の選任の義務付け対象となっていない小規模事業場がストレスチェックや面接指導を実施する場合は、地域産業保健センターを活用できるということですが、地域産業保健センターで全て無料で実施していただけるということでしょうか。

A 産業保健総合支援センターの地域窓口（地域産業保健センター）では、小規模事業場に対する相談支援などを行っています。ストレスチェック制度に関しては、ストレスチェック自体を地域産業保健センターで実施することは予定していませんが、ストレスチェックの結果に基づく面接指導は、依頼に応じて無料で実施することが可能です。

なお、地域産業保健センターの活用のほか、小規模事業場におけるストレスチェックの実施に対する支援として、複数の小規模事業場が、ストレスチェックや面接指導を合同で実施した場合の費用を助成する制度を、平成27年6月から労働者健康福祉機構が設けることとしています。

21 安全配慮義務等

Q21-1 労働者がストレスチェック結果の提供に同意せず、面接指導の申出もしないために、企業側が労働者のストレスの状態やメンタルヘルス上の問題を把握できず、適切な就業上の配慮を行えず、その結果、労働者がメンタルヘルス不調を発症した場合の企業の安全配慮義務についてはどのように考えればよいのでしょうか。

A 安全配慮義務については、民事上の問題になりますので、司法で判断されるべきものであり、行政から解釈や考え方を示すことはできません。

なお、労働契約法では、「使用者は、労働契約に伴い、労働者がその生命、身体等の安全を確保しつつ労働することができるよう、必要な配慮をするものとする」とされており、また、労働者のストレスの状態やメンタルヘルス上の問題の把握は、ストレスチェック以外の機会で把握できる場合も考えられますので、ストレスチェック結果

が把握できないからといって、メンタルヘルスに関する企業の安全配慮義務が一切なくなるということはありません。

Q21-2 産業医が実施者となり、ストレスチェック結果により、労働者のメンタルヘルス上の問題を把握していたにもかかわらず、労働者がストレスチェック結果の提供に同意せず、面接指導の申出もしないために、企業側に情報提供や助言指導を行えず、その結果、労働者がメンタルヘルス不調を発症した場合の産業医の安衛法上及び民事上の責任についてはどのように考えればよいのでしょうか。

A　民事上の責任については、司法で判断されるべきものであり、行政から解釈や考え方を示すことはできません。
　なお、ストレスチェックの結果は、労働者本人の同意がない限りは実施者(産業医)にとどまり、事業者に提供されないということは、労働安全衛生法の規定するところであり、労働者の同意を得られず、産業医が知っているストレスチェックの結果が事業者に伝わらず、その結果就業上の措置が講じられなかったとしても、産業医個人の責任が問われるような性格のものではありません。

Q21-3 産業医が実施者としてストレスチェックを実施し、医師による面接指導が必要と判断した労働者が、面接指導を希望せず、事業者へのストレスチェック結果の通知にも同意しない場合に、産業医から通常の産業保健活動の一環として実施する面談を受けるよう強く勧奨してもよいのでしょうか。

A　面接指導を希望しない労働者についても、通常の産業保健活動の中で相談対応が行われることは望ましいことですので、実施者である産業医から、通常の産業保健活動の一環として実施する面談を受けるよう勧奨することは問題ありません。このようなストレスチェック後の対応方法については、必要に応じて衛生委員会等において調査審議を行って、社内ルールを決めていただくようお願いします。

【著者プロフィール】

鈴木安名
公益財団法人大原記念労働科学研究所 メンタルヘルス研究センター長
医学博士・産業医

13年前に臨床医（消化器内科、一般内科）から産業精神保健に転身。
趣味は鉱物採集、雲の観察、撮影、スキューバ・ダイビング、最近は淡水エビの飼育と絵画鑑賞。
モットー：すべてのビジネスパーソンから学ぶ！

増田陳彦
ひかり協同法律事務所　弁護士

1999年中央大学法学部法律学科卒業，2002年弁護士登録。第一東京弁護士会所属。主として企業人事労務を扱う。各種訴訟・労働組合対応はもちろん，紛争予防を重視している。
主な著書に「人事労務相談に必要な民法の基礎知識」（労働調査会），「産業医と弁護士が解決する　社員のメンタルヘルス問題」（共著 中央経済社）などがある。

この1冊で
ストレスチェックの基本と応用が分かる

2016年5月20日　第1版1刷発行

著　者　鈴木安名
　　　　増田陳彦
発行者　江曽政英
発行所　株式会社労働開発研究会
〒162-0812　東京都新宿区西五軒町8-10
電話　03-3235-1861　FAX　03-3235-1865
http://www.roudou-kk.co.jp
info@roudou-kk.co.jp

©鈴木安名
©増田陳彦
ISBN978-4-903613-17-8

2016　Printed in Japan
印刷・製本　第一資料印刷株式会社

本書の一部または全部を無断で複写，複製転載することを禁じます。
落丁，乱丁の際はお取り替えいたしますので弊社までお送りください。（送料弊社負担）